INGRID FRÜCHTEL

Vollwertküche

INGRID FRÜCHTEL

Vollwert-
küche

Vegetarische Rezepte für Einsteiger

Mit Warenkunde und vielen Infos
und Tips zur gesunden Ernährung
Einführung von Prof. Dr. Claus Leitzmann

Wichtiger Hinweis

Kaufen Sie möglichst nur gereinigtes Getreide, denn Schmutz und Unkrautsamen (vor allem Samen der giftigen Kornrade) dürfen nicht enthalten sein. Das gleiche gilt für das heute wieder häufiger auftretende Mutterkorn, das vor allem den Roggen befällt. Das violett-schwarze, innen schneeweiße Mutterkorn ähnelt einem stark vergrößerten Getreidekorn.

In größeren Mengen verzehrt, ruft es lebensgefährliche Vergiftungserscheinungen hervor. Nach einer EU-Richtlinie ist im Getreide allerdings ein Gehalt von maximal 0,05% erlaubt. Das entspricht etwa 3 Körnern in 200 g Getreide. Die Gefahr einer Vergiftung ist relativ gering, wenn Sie wie empfohlen gereinigtes Getreide kaufen.

Essen Sie Schoten oder Samen von Hülsenfrüchten nie roh. Erst durch ausreichendes Garen wird das darin enthaltene Gift, das Phasin, unschädlich gemacht. Beim Keimen wird dieses Gift nur teilweise abgebaut; deshalb sollten Sie auch Sojabohnenkeimlinge nicht zu oft und grundsätzlich kurz erhitzt oder blanchiert essen.

So vielseitig ist die Vollwertküche

Schon beim ersten Durchblättern dieses Buches werden die verführerischen Rezeptaufnahmen sicher Ihre Neugierde wecken; und vielleicht bekommen Sie sofort Lust, einige der Gerichte nachzukochen? Doch dieses Bildkochbuch zur Vollwert-Ernährung bietet Ihnen mehr als »nur« Rezepte: Im ersten Teil stellt Professor Leitzmann die Grundlagen der Vollwert-Ernährung dar. Sie erfahren, welche Dinge für eine vernünftige vollwertige Ernährung wichtig sind und wie der Speiseplan aussehen sollte, um ernährungsabhängige Krankheiten zu vermeiden. Doch Professor Leitzmann – als renommierter Ernährungswissenschaftler – bricht nicht nur eine Lanze für die Vollwert-Ernährung. Er spricht auch aus eigener Erfahrung, denn in seiner Familie kommt seit langem nur noch Vollwertiges auf den Tisch. Damit Sie seine Empfehlungen in die Tat umsetzen können, gebe ich Ihnen auf den folgenden Seiten Tips für den Einkauf, die Aufbewahrung und die schonende Zubereitung von Gemüse und Obst, Hülsenfrüchten und Kartoffeln. Wie Sie Getreide und andere Samen ganz einfach keinem können, habe ich auf Seite 18 beschrieben. Am Schluß dieses Kapitels stelle ich Ihnen praktische Geräte vor, die sich für die Vollwertküche bewährt haben.

Der Rezeptteil beginnt mit verlockenden Frischkost-Salaten; denn ein bunt gemischter Salat gehört als Vorspeise zu jedem Vollwert-Menü. Mit einer Suppe oder einem herzhaften Eintopf aus dem folgenden Kapitel können Sie eine Frischkostplatte schnell zu einer sättigenden Mahlzeit ergänzen.

Wie vielseitig die Vollwertküche ist, zeigen die zahlreichen Rezepte mit Getreide, Gemüse, Kartoffeln und Hülsenfrüchten. Sie können wählen zwischen schnellen, unkomplizierten Gerichten und etwas aufwendigeren Mahlzeiten, mit denen sich auch Feinschmecker von den Vorzügen der Vollwertküche überzeugen lassen. Selbst Süßspeisen und feine Desserts sind mit einer vernünftigen gesunden Ernährung durchaus zu vereinbaren, wenn solche Köstlichkeiten – wie in diesem Buch – mit vollwertigen Zutaten zubereitet und nur mäßig gesüßt werden. Im letzten Kapitel habe ich Ideen fürs Frühstück und Abendessen gesammelt und ausprobiert. Dort finden Sie auch Vorschläge für kleine Gerichte, die sich problemlos und ohne großen Aufwand zubereiten lassen.

Die brillanten Farbfotos in diesem Bildkochbuch sollen Ihnen Lust zum Ausprobieren machen und die Auswahl der Rezepte erleichtern. Bei der Zubereitung etwas schwierigerer Gerichte sind die Schritt-für Schritt-Fotos mit genauen Erläuterungen sehr hilfreich.

Auf Angaben über Kalorien, Nähr- und Ballaststoffe habe ich in diesem Bildkochbuch bewußt verzichtet. Denn wer seinen täglichen Speisezettel nach den Empfehlungen der Vollwert-Ernährung vielseitig und abwechslungsreich gestaltet, viel Frischkostsalate auf den Tisch bringt, wenig Butter, Sahne und fettreichen Käse verwendet und selten Kuchen oder Süßes ißt, braucht Kalorien nicht zu berechnen. Oft sind es auch nicht die regulären Mahlzeiten, die zusätzliche Pfunde bringen, sondern all' die Knabbereien und Kleinigkeiten, die im Laufe des Tages so ganz nebenbei in den Mund wandern.

Nun wünsche ich Ihnen viel Freude an dem Buch, Spaß beim Nachkochen, beim Ausprobieren eigener Kreationen und viel Erfolg bei der Bewirtung Ihrer Familie und Ihrer Gäste!
Ihre Ingrid Früchtel

So kamen wir zur Vollwert-Ernährung

Schon während unseres vierjährigen Aufenthalts in Asien wurde uns bewußt, daß eine einfache pflanzliche Kost den Menschen gesund und leistungsfähig erhält. Wieder nach Deutschland zurückgekehrt, verkündigte eines Tages unsere jüngste Tochter – die schon während der Pubertät die Welt verändern wollte – ab sofort kein Fleisch und nichts mehr vom toten Tier essen zu wollen. Daraufhin machte mein Mann den Vorschlag, daß alle Familienmitglieder aus Solidarität ein Jahr lang weder Fleisch noch Wurst essen sollten.

Und wie sollte ich nun vier heranwachsende, ewig hungrige Jugendliche nur mit Getreide, Gemüse und Obst satt bekommen. Zunächst nahm ich an einem Kochkurs vor Vollwert-Ernährung bei Familie Geißler in Bad Gandersheim teil, der sich als der richtige Einstieg erwies. Vollkommen überzeugt und mit viel Elan bemühte ich mich anschließend schmackhafte Vollwertkost auf den Tisch zu bringen. Zu meiner Freude machte meine Familie begeistert mit. Obwohl wir alle ohnehin mit guter Gesundheit ausgestattet sind, stellten wir fest, daß sich die Verdauung verbesserte und die allwinterlichen Erkältungskrankheiten ausblieben. Welch eine angenehme Überraschung!

Nach einem Jahr stellten wir unsere vegetarische Kost auf Vollwert-Ernährung um. Wir verzehren etwa die Hälfte unserer täglichen Nahrung in Form von Frischkost, das heißt unerhitztes Obst, Gemüse sowie frisch gemahlenes Getreide fürs Müsli. Verschiedene Brotsorten und leckere Backwaren sowie Nudeln stellte ich zu Hause selbst her. Diese Nahrungsmittelauswahl und deren Zubereitung ist der Grund für unser gut funktionierendes Abwehrsystem.

Aus unserem großen Garten ernten wir viele Monate lang frisches Gemüse, Beeren und Obst. Für den Winter wird manches eingelagert, milchsauer vergoren oder tiefgefroren. Fleisch essen wir nicht. Milch und Milchprodukte (selbstgemachter Joghurt und Quark!) dagegen in üblichen Mengen. Wenn es geht, kaufen wir Produkte aus der kontrolliertökologischen Landwirtschaft. Meine Inspirationen verdanke ich in erster Linie Frau Früchtel, die seit vielen Jahren ein Vorbild für mich war. Die Besuche im Hause Früchtel waren immer ein ganz besonderes Erlebnis für uns. Neben der herzlichen Gastlichkeit in ihrem sehr geschmackvoll renovierten alten Bauernhaus wurden wir stets mit Köstlichkeiten aus ihrer berühmten Küche verwöhnt. Die Rezepte von Frau Früchtel sind einfach nachzukochen und schmecken vorzüglich.

Es ist mir deshalb eine große Freude, Ihnen die folgenden Rezepte von Frau Früchtel wärmstens zu empfehlen. Lassen Sie sich anregen, in kleinen Schritten Ihr Einkaufsverhalten und ihre Zubereitungsmethoden zu verändern. Dieses kommt der Gesundheit Ihrer ganzen Familie zugute; gleichzeitig leisten Sie einen Beitrag zum Schutze der Umwelt, denn wir sollten ja auch an die folgenden Generationen denken.

Mit allen guten Wünschen
Ihre Ilse Leitzmann

Was heißt gesund?

Die Weltgesundheits-Organisation (WHO) der Vereinten Nationen in Genf definiert Gesundheit als das völlige körperliche, geistig-seelische und soziale Wohlbefinden des Menschen. Diese anspruchsvolle Forderung kann sicher nur in Ausnahmefällen oder zeitweise erfüllt werden, denn unter normalen Bedingungen können nicht alle Menschen ständig vollkommen gesund sein.

Die große Bedeutung der richtigen Ernährung für Gesundheit, Wohlbefinden und Leistungsfähigkeit ist hinlänglich bekannt. Gleichzeitig ist vielen Menschen bewußt, daß falsche Ernährung zu verschiedenen Krankheiten führen kann. Trotz dieses Wissens herrscht aber in weiten Kreisen der Bevölkerung Unsicherheit darüber, wie durch richtige Ernährung die Gesundheit erhalten werden kann. Es wird häufig verkannt oder ignoriert, daß jeder selbst etwas für seine Gesundheit tun kann und entsprechende Schritte zur Verwirklichung einer gesunden Lebensweise unternehmen muß. Verantwortung übernehmen setzt jedoch voraus, daß neben der für Entscheidungen notwendigen Information auch eine starke Motivation vorhanden ist. Die in diesem Buch enthaltenen Rezepte sollen dazu beitragen, das »lebenswichtige« theoretische Wissen in praktische, preiswerte und schmackhafte Gerichte umzusetzen.

Die derzeitige Gesundheitssituation

Die Gesundheitssituation in Deutschland ist alarmierend, da große Teile der Bevölkerung an weitverbreiteten Zivilisationskrankheiten leiden. Die dadurch entstehenden Kosten und Leiden vieler Menschen haben die Grenzen des Zumutbaren überschritten.

Es ist bekannt, daß ein großer Teil der Krankheiten ernährungsabhängig ist oder durch falsche Ernährung mitverursacht wird. Weltweit kennzeichnen groteske Gegensätze unsere Ernährungssituation:

● Ernährungsabhängige Krankheiten nehmen trotz großer Fortschritte in bestimmten Bereichen der Medizin zu;
● weite Teile der Bevölkerung ernähren sich trotz der großen Produktvielfalt einseitig;
● trotz des in manchen Kreisen zunehmenden Gesundheitsbewußtseins essen die Deutschen im Durchschnitt zu fett, zu süß, zu salzig und vor allem zu viel.

Ernährungsabhängige Erkrankungen

Fehlernährung durch übermäßige, falsch zusammengesetzte oder unsachgerecht zubereitete Kost, die zu wenig essentielle Inhaltsstoffe bietet, kann zu ernährungsabhängigen Erkrankungen führen. Ernährungsabhängige Gesundheitsstörungen sind in Deutschland zahlreich und weitverbreitet, einige Beispiele dafür sind Karies, Übergewicht, Stuhlverstopfung, Bluthochdruck, erhöhte Blutfettwerte, Kropf, Gallensteine, erhöhte Harnsäurewerte und Diabetes mellitus.

Darüber hinaus wird auch ein Zusammenhang zwischen Ernährung und Erkrankungen der Verdauungsorgane, rheumatischen Erkrankungen, mangelnder Infektabwehr, Allergien und Krebs festgestellt.

Durch die Umstellung auf eine bedarfsgerechte Ernährung kann das Risiko ernährungsbedingter Krankheiten vermieden oder vermindert werden. Durch eine gezielte Auswahl an Lebensmitteln und ihre schonende Zubereitung kann eine gesunderhaltende Ernährung verwirklicht werden, die den individuellen Anforderungen optimal gerecht wird. Dazu muß generell die Aufnahme an Nahrungsenergie reduziert und gleichzeitig die Zufuhr essentieller Inhaltsstoffe erhöht werden. Dieses wird am einfachsten dadurch erreicht, daß die Kost aus deutlich weniger tierischen Nahrungsmitteln und entsprechend mehr pflanzlichen Lebensmitteln besteht. Damit erhöht sich auch die Aufnahme von komplexen Kohlenhydraten (Stärke und Ballaststoffe) sowie essentiellen Nährstoffen; gleichzeitig wird die Zufuhr von Nahrungsenergie – besonders in Form von Fett – verringert.

Was ist Vollwert-Ernährung?

»Laßt unsere Nahrung so natürlich wie möglich« war die Forderung von Professor Kollath, der vom »Vollwert der Nahrung« sprach. Fast jede Be- und Verarbeitung von Lebensmitteln führt zu mehr oder minder großen Nährstoffverlusten. Die Wahrscheinlichkeit, daß eine Nahrung alle essentiellen, also lebenswichtigen Inhaltsstoffe enthält, ist deshalb um so größer, je naturbelassener die Lebensmittel sind. Diese Aussage übersieht jedoch nicht die Tatsache, daß bei bestimmten Lebensmitteln eine Verarbeitung vorteilhaft oder sogar notwendig ist, da diese direkt nach der Erzeugung nicht für den Verzehr geeignet sind. So wird bei Kartoffeln die Verdaulichkeit der Stärke erst durch Erhitzen ermöglicht. Weiterhin werden durch den Kochvorgang Gifte unschädlich gemacht, die von Natur aus zum Beispiel in Hülsenfrüchten vorkommen.

Das Prinzip der Vollwert-Ernährung beruht auf einer vorwiegend lakto-vegetabilen Kost in höchstmöglichem biologischen Wertzustand. Sie sollten also überwiegend pflanzliche Kost zu sich nehmen und jede unnötige Bearbeitung der Lebensmittel vermeiden. Isolierte und raffinierte Produkte wie Zucker und Auszugsmehle sowie daraus hergestellte Produkte haben in der Vollwert-Küche keinen Platz, da bei der Verarbeitung große Verluste an lebenswichtigen Nahrungsbestandteilen auftreten.

Der höchstmögliche biologische Wertzustand der Nahrung wird außerdem durch den geringen Einsatz von chemischen Hilfsmitteln in der Landwirtschaft erreicht.

Es werden in der Vollwert-Ernährung deshalb Lebensmittel aus kontrolliert-ökologischer Landwirtschaft bevorzugt, da durch diese Anbauweise keine zusätzlichen Schadstoffe in die Umwelt und damit in die Lebensmittel gelangen. Die Auswahl an Lebensmitteln aus kontrolliert-ökologischer Landwirtschaft wird mittlerweile immer reichhaltiger. Sie werden von anerkannten Erzeugerorganisationen, in Reformhäusern und Naturkostläden, in Supermärkten, aber auch ab Hof angeboten.

Ein Ziel der Vollwert-Ernährung ist es, den Körper mit allen wichtigen Nährstoffen wie Eiweiß, Fett, Kohlenhydraten, Vitaminen und Mineralstoffen zu versorgen. Durch die Zufuhr dieser Nähr- und Wirkstoffe können alle wichtigen Vorgänge in unserem Körper stattfinden und es wird gewährleistet, daß der Stoffwechsel einwandfrei funktioniert. Die Aufrechterhaltung eines störungsfreien Stoffwechsels ist Voraussetzung für eine optimale körperliche und geistige Entwicklung und Leistungsfähigkeit sowie für die Stärkung der Abwehrkräfte gegenüber Krankheiten.
Dazu trägt auch die Zufuhr gesundheitsfördernder oder gesundheitsnotwendiger Nahrungsinhaltsstoffe bei wie die Ballaststoffe und weitere sekundäre Pflanzenstoffe (Vitamine, Phytohormone, Flavonoide, Geschmacks-, Aroma- und Duftsstoffe).

In der Vollwert-Ernährung werden übergreifende Ziele angestrebt, die die weltweite Ernährungs- und Gesundheitssituation sowie ökologische und soziale Gesichtspunkte berücksichtigen. Das bedeutet insbesondere die Vermeidung von Veredelungsverlusten bei der Produktion tierischer Lebensmittel, die Einsparung von Energie sowie die Schonung natürlicher Ressourcen und der Umwelt.

Doch der Genuß und die Freude stehen bei der Vollwert-Ernährung keineswegs im Widerspruch zu den gesundheitlichen, ökologischen und sozialen Ansprüchen. Beim Ausprobieren der Rezepte werden Sie sicher feststellen können, daß die Vollwert-Ernährung reizvolle Geschmackserlebnisse bietet.

Die Bedeutung der Ballaststoffe für die Gesundheit

Ballaststoffe sind ausschließlich in pflanzlichen Lebensmitteln enthalten. Sie finden sich vornehmlich in den Randschichten des Getreides (Vollkorngetreide) sowie in Gemüse und Obst. Aufgrund ihrer Unverdaulichkeit für die Verdauungsenzyme des Menschen wurde früher angenommen, daß Ballaststoffe überflüssig sind; sie wurden daher als Abfallprodukte in Form von Kleie für die Tierfütterung verwendet. Inzwischen ist bekannt, daß Ballaststoffe im gesamten Verdauungstrakt wichtige Funktionen ausüben:

● Ballaststoffreiche Kost regt die Kautätigkeit an, da sie meist bißfester ist; dadurch wird die Nahrung zugleich mit viel Speichel durchsetzt, was bereits im Mund zu einer teilweisen Zerlegung der Kohlenhydrate führt;
● Ballaststoffe sorgen für eine längere Verweildauer des Speisebreis im Magen. Sie dämpfen dadurch den Hunger und führen zu einer verringerten Energieaufnahme; sie beugen somit Überernährung und Fettsucht vor;
● das große Quellvermögen der Ballaststoffe hat eine Vergrößerung des Volumens des Speisebreis zur Folge. Der Darm wird dadurch stimuliert und der Speisebrei schneller abtransportiert. Ballaststoffhaltige Lebensmittel bedeuten somit aktiven Schutz vor Verstopfung und damit einhergehenden Folgeerkrankungen wie Hämorrhoiden oder Darmkrebs;

● Ballaststoffe können Gift- und Schadstoffe wie zum Beispiel Schwermetalle binden;
● Ballaststoffe haben einen dämpfenden Einfluß auf den Blutzuckerspiegel und damit eine günstige Wirkung bei Vorbeugung und Behandlung des Diabetes mellitus;
● Ballaststoffe haben eine Cholesterin-senkende Wirkung in Blut und Leber; auf diese Weise tragen sie zu einem Schutz gegen Herzinfarkt bei.

Zusammenfassend kann festgestellt werden, daß die Entfernung der Ballaststoffe bei der Weißmehlherstellung einen schwerwiegenden Fehler in der Ernährung der Menschheit darstellt.

Empfehlungen für die Lebensmittelauswahl

Die Vollwert-Ernährung ist auch ohne wissenschaftliche Kenntnisse oder aufwendige Nährstoff- oder Kalorienberechnungen ganz einfach durchzuführen, denn es werden nicht einzelne Nährstoffe, sondern der Verzehr von Lebensmitteln vorgeschlagen. Die Empfehlungen sind damit praxisnah und für jeden leicht nachzuvollziehen und anzuwenden.

Vollwert-Ernährung bedeutet vornehmlich den Verzehr von Getreide und Getreideprodukten, Gemüse und Obst sowie Kartoffeln und Hülsenfrüchten. Ebenfalls empfehlenswert sind Milch und Milchprodukte in mäßiger Menge. Fleisch, Wurstwaren und Eier dagegen sollten Sie, wenn überhaupt, nur gelegentlich essen. Naturbelassene Fette und Öle werden den extrahierten, raffinierten Fetten und Ölen sowie gehärteten Margarinen vorgezogen.

Genußgifte wie Alkohol, Kaffee und schwarzer Tee spielen in der Vollwert-Ernährung ebenfalls eine untergeordnete Rolle; sie sollten nur selten und in geringer Menge getrunken werden. Speisesalz verwenden Sie möglichst sparsam und in Form von jodiertem Meersalz.

Für den modernen Menschen, der kaum noch körperlich arbeiten muß und daher unter Bewegungsmangel leidet, empfehlen Experten weltweit eine Ernährungsform wie sie die Vollwert-Ernährung darstellt. Die Vollwert-Ernährung erfüllt somit die Forderungen der Wissenschaft als zeitgemäße Kostform.

In der Vollwert-Ernährung wird empfohlen, etwa die Hälfte der Nahrungsmittel als unerhitzte Frischkost zu verzehren. Dazu zählen neben Gemüse und Obst zum Beispiel auch unerhitztes Getreide (als Frischkornmüsli oder als gekeimte Körner im Salat), Kräuter, unerhitzte Milch und –produkte (zum Beispiel Kefir und Rohmilchkäse), Nüsse und Ölsaaten sowie kaltgepreßte und unraffinierte Öle. Bei den Mahlzeiten sollte die unerhitzte vor der erhitzten Kost verzehrt werden, da somit eine bessere Sättigung erzielt wird. Werden die Lebensmittel im täglichen Speiseplan vielseitig und abwechslungsreich zusammengestellt, ist durch die Fülle der Nahrungsinhaltsstoffe eine Vorbeugung gegen Krankheiten gegeben.

Qualitätsbeurteilung von Lebensmitteln

Die richtige Lebensmittelauswahl in der Vollwert-Ernährung basiert auf der entsprechenden Lebensmittelqualität, die durch die drei Teilbegriffe Genußwert, Eignungswert und Gesundheitswert beschrieben wird. Zusätzlich sollte auch der ökologische Wert der Nahrung beachtet werden, der eine umweltschonende Erzeugung, Verarbeitung und Zubereitung der Nahrung beinhaltet. Beim Einkauf von Lebensmitteln achten die meisten Menschen auf Farbe, Form und Geruch.

Diese sensorischen Eigenschaften zählen neben dem Geschmack zum Genußwert eines Lebensmittels, im Gegensatz dazu kann der Mensch die Eigenschaften des Gesundheitswertes durch seine Sinne meist nicht mehr wahrnehmen.

Die derzeit gültigen Einteilungen in Handels- und Güteklassen helfen den Verbrauchern beim Qualitätsvergleich nur wenig, da vornehmlich äußere Merkmale berücksichtigt werden. Aussagen über Geschmack und wertgebende Inhaltsstoffe fehlen und die ökologische Komponente ist nur bei Erzeugnissen aus der kontrolliert-ökologischen Landwirtschaft bewußt berücksichtigt. Immer noch ist der Irrglaube verbreitet, daß gesundheitlich wertvolle Nahrung nicht schmecke. Es muß deshalb besonders auf die Möglichkeiten der schmackhaften Zubereitung der Vollwert-Ernährung hingewiesen werden, wie in den folgenden Rezepten dargelegt.

9

Getreide und Getreideprodukte

Getreide ist wegen seiner sicheren Erträge, guter Transport- und Lagerfähigkeit weltweit das wichtigste Grundnahrungsmittel. Aufgrund seiner günstigen Nährstoffzusammensetzung ist es möglich, sich fast allein von Getreide vollwertig zu ernähren; es fehlt lediglich Vitamin C und es mangelt an Calcium. Das ganze Getreidekorn ist ein wichtiger Lieferant von Kohlenhydraten, hochwertigen Fetten, Eiweiß, Mineralstoffen, Vitaminen und Ballaststoffen. Die Inhaltsstoffe sind jedoch nicht gleichmäßig im ganzen Korn verteilt: Die Randschichten des Korns sind reich an Ballaststoffen, Mineralstoffen und Vitaminen; im Getreidekeimling sind hochwertige Pflanzenöle und fettlösliche Vitamine konzentriert; der Mehlkörper schließlich liefert Stärke sowie Protein.

Nur das ganze Korn liefert alle im Getreide enthaltenen Inhaltsstoffe für eine optimale Ernährung. Für einen abwechslungsreichen Speisezettel stehen dabei folgende Getreidearten zur Auswahl: Weizen, Roggen, Hafer, Gerste, Mais, Reis, Hirse, Dinkel und Grünkern (= unreifer, gerösteter Dinkel). Buchweizen zählt zwar zu den Knöterichgewächsen, wird aber wegen seiner kornähnlichen Früchte und seiner Zusammensetzung wie Getreide verwendet.

Es gibt viele Möglichkeiten, Getreide in der Ernährung einzusetzen:
● Frischkornmüsli aus unerhitztem Vollgetreide (frisch geschrotet oder eingeweicht oder angekeimt);
● Speisen aus erhitztem Vollgetreide (zum Beispiel Suppen, Aufläufe);
● Vollkornbrote verschiedener Art;
● Produkte aus dem vollen Getreidekorn (zum Beispiel Gebäck, Kuchen und Teigwaren aus Vollkornmehl).

Ein Teil des Getreides sollte unerhitzt verzehrt werden, da hierbei keinerlei Erhitzungsverluste an essentiellen Inhaltsstoffen auftreten können. Frischkornmüsli hat deshalb in der Vollwert-Ernährung eine besondere Bedeutung. Es wird aus unerhitztem Vollgetreide, vor allem Weizen, Roggen, Gerste, Hafer oder Hirse zubereitet und eignet sich besonders als Frühstücksmahlzeit.

Gemüse und Obst

In der Vollwert-Ernährung wird empfohlen, reichlich und abwechslungsreich Gemüse und Obst zu verzehren, auch als Rohkost und milchsauer vergoren (Gemüse; zum Beispiel Sauerkraut). Da der durchschnittliche Vitamin- und Mineralstoffgehalt von Gemüse höher liegt als der von Obst, wird empfohlen, mehr frisches Gemüse als Obst zu essen.

Die Vorteile der Frischkost sind vielseitig und zeigen das gesundheitliche Potential dieser Nahrungsform:
● Höhere Dichte an lebensnotwendigen Inhaltsstoffen;
● bessere Ballaststoffwirksamkeit;
● geringerer Energiegehalt bei gleichzeitig hohem Sättigungswert;
● bessere Nahrungsökonomie;
● längeres Kauen und Einspeicheln und dadurch längere Sättigung.

Gemüse und Obst enthalten einen besonders hohen Anteil an sekundären Pflanzeninhaltsstoffen mit gesundheitsfördernden Eigenschaften. Einige sekundäre Pflanzenstoffe verflüchtigen sich beim Zerkleinern der Nahrung und sind empfindlich gegenüber Hitze und Luftsauerstoff. Aus diesem Grunde sollten Gemüse und Obst frisch verzehrt werden, damit dem Körper viele dieser wertvollen Inhaltsstoffe zugeführt werden. Bei der Bearbeitung, dem Garen und dem Konservieren von Gemüse und Obst sollten schonende Verfahren angewendet werden.

Die bisher bekannten Wirkungen sekundärer Pflanzeninhaltsstoffe können auf vielen Ebenen erfolgen:
● Anregung der Verdauung;
● Anregung des gesamten Stoffwechsels;
● Krankheitsabwehr, Erhöhung der Widerstandskraft;
● Wundheilung, Entzündungshemmung;
● Vorbeugung gegen Ateriosklerose und Krebs.

Die Forschung auf diesem Gebiet ist noch nicht abgeschlossen; es ist zu erwarten, daß weitere Wirkungen dieser interessanten Stoffgruppen erkannt werden.

Milch und Milchprodukte

Milch und Milchprodukte sind wertvolle Grundnahrungsmittel, deren Verzehr in der Vollwert-Ernährung empfohlen wird. Sie liefern Calcium und Phosphor in einem ausgewogenen Verhältnis. Beide sind wichtig für den Aufbau von Knochensubstanz und für zahlreiche Stoffwechselvorgänge. Außerdem trägt Milch ganz wesentlich zur Bedarfsdeckung an Vitamin B_2 und Vitamin A bei. In Kombination mit pflanzlichen Produkten ergeben Milch und Milchprodukte eine hochwertige Eiweißquelle.

Vorzugsmilch (unerhitzte Milch aus kontrollierten Betrieben) und Milch direkt vom Bauernhof sollte der erhitzten Milch vorgezogen werden, da keine Verluste an wichtigen Inhaltsstoffen durch Verarbeitungsverfahren entstehen, obwohl der Verzehr pasteurisierter Milch eine größere hygienische Sicherheit gewährleistet. Dieses kann für Schwangere und Säuglinge wichtig sein. Der Verzehr von H-Milch (ultrahocherhitzter Milch) wird wegen der höheren Verluste an Inhaltsstoffen und dem Kochgeschmack weniger empfohlen. Milch gilt in der Vollwert-Ernährung nicht als Durstlöscher, sondern als Lebensmittel und sollte nicht in großen Mengen getrunken werden.

Milchprodukte wie Joghurt, Dickmilch, Sauermilch und andere sollten weder Zucker noch künstliche Farb- und Aromastoffe enthalten. Rohmilchkäse (zum Beispiel Appenzeller, Emmentaler, Greyerzer, Parmesan und Sbrinz) zählt zu den empfehlenswerten Milchprodukten.

Fisch, Fleisch und Eier
Der Verzehr von üblichen Mengen Seefisch (1–2 Mahlzeiten pro Woche) wird in der Vollwert-Ernährung begrüßt. Die Verwendung von Fleisch, Wurst und Eiern wird nicht ausdrücklich empfohlen, ein stark reduzierter Verzehr wird aber auch nicht abgelehnt.

So können durchaus in den wöchentlichen Speiseplan etwa 1–2 Fleischmahlzeiten und 1–2 Eier eingeplant werden.

Weniger empfehlenswert sind Fleisch- und Wurstwaren sowie Fleischkonserven, da sie häufig sehr viel Fett in Form von gesättigten Fettsäuren, außerdem Cholesterin, Purine, Kochsalz und chemische Hilfsstoffe enthalten. Völlig gemieden werden sollten Innereien und Schweineschmalz.

Um eine ausreichende Versorgung mit Eiweiß zu gewährleisten, ist der Verzehr von Fleisch nicht erforderlich. Durch Kombinationen verschiedener geeigneter pflanzlicher Eiweiße wird eine ausreichende Versorgung mit allen lebensnotwendigen Eiweißbausteinen sichergestellt. Als günstig hat sich auch die Kombination von pflanzlichem Eiweiß mit einer geringen Menge tierischem Eiweiß erwiesen, wobei vor allem Milchprodukte eine ideale Ergänzung zu pflanzlichen Proteinen darstellen.

Fette und Öle
Der Zusammenhang zwischen dem übermäßigen Verzehr fettreicher Speisen und Herzinfarkt, Ateriosklerose sowie anderen Zivilisationskrankheiten gilt inzwischen als gesichert. Es ist deshalb ein vorrangiges Ziel in der Vollwert-Ernährung, die tägliche Gesamtfettzufuhr auf 70–80 g pro Person zu begrenzen. Empfohlen werden vorwiegend naturbelassene Fette und Öle:
● kaltgepreßte (unraffinierte) Öle für Salate;
● Butter oder ungehärtete Pflanzenmargarine als Streichfett;
● nicht extrahierte, ungehärtete Fette zum Braten (zum Beispiel ungehärtetes Kokosfett);
● zum Kochen und Backen sind alle genannten Fette geeignet, allerdings sollte nach Temperatur und Erhitzungsdauer differenziert werden. So können bei starker Erhitzung von kaltgepreßten Ölen gesundheitsschädliche Stoffe entstehen; Keimöle sollten deshalb nicht zum Braten verwendet werden.

Weniger empfehlenswert sind Fette, die durch Extraktion mit Lösungsmitteln und Raffination gewonnen und eventuell anschließend gehärtet werden. Durch die industrielle Verarbeitung treten gewisse Verluste an natürlichen Fettbegleitstoffen auf. Übrigens können billige Öle und Margarinen bis zu 80% tierische Fette enthalten.

Kaltgepreßte Öle dagegen benötigen keine chemische Nachbehandlung. Sie werden lediglich gefiltert und verlieren deshalb kaum wertvolle Inhaltsstoffe, obwohl auch sie, abhängig vom Rohprodukt, durch den Preßvorgang bis zu 75° erhitzt werden können.
Außerdem wird der Eigengeschmack erhalten, der Salaten aller Art eine besondere Note verleiht. Der intensive arteigene Geschmack ist das beste Erkennungsmerkmal guter Öle. Alle Öle sollten kühl und dunkel (Kühlschrank) aufbewahrt werden. Kleine Flaschen sind günstiger als große, weil bei jeder Entnahme Sauerstoff zugemischt wird, wodurch das Fett oxidiert und ranzig wird. Bei der Qualität der Nahrungsfette spielt die Fettsäurenzusammensetzung eine bedeutsame Rolle, wobei die mehrfach ungesättigten Fettsäuren wie die Linolsäure ernährungsphysiologisch am wertvollsten sind. Linolsäure muß mit der Nahrung aufgenommen werden, da der Körper zu einer Eigensynthese nicht fähig ist. Linolsäure liefern alle pflanzlichen Öle, allerdings in unterschiedlicher Menge.

Die wissenschaftliche Empfehlung, je ein Drittel der Fette in Form hochungesättigter, einfach ungesättigter und gesättigter Fettsäuren aufzunehmen, wird mit der lakto-vegetarischen Vollwert-Ernährung in idealer Weise erreicht.

Nüsse und Samen

Nicht alles, was der Volksmund als Nuß bezeichnet, zählt aus der strengen Sicht der Botaniker zu dieser Gruppe. So gehören Walnuß und Mandel zu den Steinfrüchten und die Erdnuß zu den Hülsenfrüchten.

Für alle gewöhnlich als Nuß bezeichneten Lebensmittel (egal ob echte Nüsse, Früchte oder Kerne) gilt jedoch, daß sie sich sehr gut als Zutaten in der Vollwert-Ernährung, vor allem für Müsli, Salate, Quarkspeisen und Gebäck eignen. Neben ihrem hohen Anteil an essentieller Linolsäure enthalten sie Eiweiß, Mineralstoffe, Vitamine und Ballaststoffe.

Aufgeknackt sind Nüsse und Kerne empfindlich, da sie wegen des teilweise beachtlichen Anteils an mehrfach ungesättigten Fettsäuren leicht ranzig werden. Dies erfolgt vor allem dann, wenn sie nicht kühl, luftig und trocken gelagert werden. Außerdem bieten sie einen idealen Nährboden für Schimmelpilze, von denen einige giftige und krebserregende Aflatoxine bilden können. Bei gemahlenen Nüssen und Mandeln ist diese Gefahr gegeben.

Deshalb sollten Nüsse möglichst mit Schale gekauft und erst bei Bedarf geknackt oder geschält werden. So können sie vor Schädlingsbefall, Ranzigwerden und der Zerstörung sauerstoffempfindlicher Vitamine und sekundärer Pflanzenstoffe weitgehend geschützt werden.

Hülsenfrüchte

Hülsenfrüchte, auch Leguminosen genannt, sind die Samen von Bohnen, Erbsen, Linsen und Sojabohnen. Hülsenfrüchte und ihre Keimlinge leisten einen wertvollen Beitrag zur gesunden Ernährung.

Sie zählen nicht nur zu den eiweißreichsten pflanzlichen Lebensmitteln, sondern sind auch eine gute Quelle für Vitamine, Mineral- und Ballaststoffe.

Hülsenfrüchte in Kombination mit Getreide verzehrt, sind in ihrer Eiweißzusammensetzung dem sonst vielgelobten Fleischeiweiß gleichwertig.

Keime und Sprossen

Jeder Samen ist ein Nährstoffpaket, in dem alle Substanzen bis zur Keimung ruhen. Kommt der Samen mit Wasser in Berührung und beginnt zu quellen, dann verändern sich sehr schnell seine Inhaltsstoffe. Für den Bedarf des Menschen sind diese Veränderungen positiv, denn die Qualität des pflanzlichen Eiweißes wird verbessert, der Vitamingehalt nimmt zu und der Energiegehalt ab. Der Anteil an Kohlenhydraten sinkt im keimenden Samen. Die Kohlenhydrate werden so umgebaut, daß der Mensch sie leichter verdauen kann.

Besonders in den Jahreszeiten, in denen es nur eine begrenzte Auswahl an frischem Gemüse und Obst gibt, bieten Sprossen und Keimlinge eine sinnvolle Ergänzung sowie eine schmackhafte Abwechslung im Speisenangebot.

Süßungsmittel

In der Vollwert-Ernährung sollten isolierte Zucker und damit hergestellte Produkte gemieden werden. Außerdem wird empfohlen, Honig nur in verdünnter Form und nicht in gleichen Anteilen wie isolierte Zucker zu verwenden.

Eine Umgewöhnung der bei vielen Menschen überhöhten Reizschwelle für die Geschmacksempfindung »süß« kann erreicht werden, wenn einige Wochen lang der Verzehr von Süßigkeiten und stark gesüßten Speisen und Getränken stark reduziert wird.

Dadurch stellt sich das Geschmacksempfinden für »süß« wieder auf ein niedriges Niveau ein. Künstliche Süßstoffe tragen dagegen dazu bei, die Reizschwelle für die Geschmacksrichtung »süß« zu heben.

Alternativ zu isolierten Zuckern wird in der Vollwert-Ernährung empfohlen, reifes Obst sowie in mäßiger Menge und verdünnt entweder Honig, Apfel- oder Birnendicksaft oder auch eingeweichtes Trockenobst zu verwenden.

Der Begriff »isolierte Zucker« besagt, daß die Zucker als chemisch reine Substanzen vorliegen, die aus dem natürlichen Produkt (überwiegend Zuckerrüben und Zuckerrohr) isoliert werden. Dabei werden alle anderen Inhaltsstoffe vollständig entfernt, so daß isolierte Zucker weder Proteine noch Ballaststoffe, weder Vitamine noch Mineralstoffe enthalten. Sie werden deshalb auch als »leere Kalorien« bezeichnet.

Zu den isolierten Zuckern zählen:
● weißer Zucker (= raffinierter Zucker, Kristallzucker, Haushaltszucker, Puderzucker)
● brauner Zucker
(= Rohrzucker)
● isolierter Traubenzucker
(= Glucose)
● isolierter Fruchtzucker
(= Fructose)
● isolierter Milchzucker
(= Lactose)
Der Verzehr von isolierten Zuckern ist die Hauptursache für die Entstehung von Karies.

Langfristig gesehen, werden auch Stuhlverstopfung, Diabetes mellitus, Fettsucht und Arteriosklerose begünstigt. Dies alles kann vermieden werden, denn nach wissenschaftlichen Erkenntnissen besteht für den Organismus kein Bedarf an isolierten Zuckern. Besser ist es, wenn dem Körper der Zucker, den er als Energiequelle und zur Gehirntätigkeit benötigt, im Verbund ganzer Lebensmittel und besonders in Form von Stärke zugeführt wird; vor allem Vollkornbrot, Kartoffeln, Gemüse und Obst sollten gegessen werden. Diese Lebensmittel liefern gleichzeitig wichtige Begleitstoffe, die zu ihrer Verarbeitung im Organismus erforderlich sind. Außerdem muß der Zucker aus der Stärke erst gewonnen werden, so daß es zu einer langsamen, aber konstanten Versorgung des Köpers mit Energie kommt. Die schnelle Aufnahme isolierter Zucker ins Blut ist ungünstig.

Getränke

Um die ungestörte Funktion des Stoffwechsels zu erhalten, ist eine ausreichende Flüssigkeitszufuhr von 1–2 Litern pro Tag wichtig. Empfehlenswert sind Mineralwässer, »gutes« Leitungswasser, ungesüßte Kräuter- und Früchtetees, Malzkaffee sowie verdünnte Obst- und Gemüsesäfte. Bei Mineralwässern sollte der Natriumgehalt unter 170 mg pro Liter liegen; außerdem empfiehlt es sich, verschiedene Mineralwässer zu verwenden, da die Mineralstoffzusammensetzung unterschiedlich ist.

Weniger empfehlenswert sind Kaffee und schwarzer Tee. Sie verursachen Reizwirkungen auf das Nervensystem und sollten daher nicht regelmäßig und nicht in größeren Mengen getrunken werden.

Ebenso verhält es sich mit alkoholischen Getränken. Bier und Wein richten in geringen Mengen und gelegentlich getrunken normalerweise keinen Schaden an, von einer regelmäßigen Zufuhr in größeren Mengen sollte jedoch abgesehen werden.

Kräuter, Gewürze und Würzmittel

In der Vollwert-Ernährung sind günstige Würzeffekte durch die breite Palette an frischen, tiefgefrorenen und getrockneten Kräutern und einer Vielzahl an Gewürzen möglich. Das Essen soll nicht nur einen positiven Einfluß auf unsere Gesundheit haben, sondern auch gut schmecken.

Kräuter enthalten neben einigen Vitaminen und Mineralstoffen, besonders in frischer Form, sekundäre Pflanzeninhaltsstoffe in hohen Konzentrationen. Alle Küchenkräuter fördern die Verdaulichkeit der Speisen, und wer mit Kräutern würzt, benötigt weniger Kochsalz, welches in Form von jodiertem Meersalz verwendet werden sollte.

Eine hohe Kochsalzaufnahme, wie sie bei der heute verbreiteten Ernährung oft vorkommt, kann den Bluthochdruck begünstigen. Da Fertiggewürze und Gewürzextrakte (zum Beispiel Fertigdressings, Suppenwürzen) meist auch einen hohen Kochsalzgehalt aufweisen, sind sie im Rahmen der Vollwert-Ernährung weniger empfehlenswert. Gemüsebrühwürfel und gekörnte Gemüsebrühe können maßvoll eingesetzt werden. Es macht Spaß mit Kräutern zu experimentieren und sie liebevoll zu komponieren, um dann ein besonderes Geschmackserlebnis zu erreichen.

Schlußbemerkungen

Die Bedeutung der Ernährung für eine stabile Gesundheit und optimale Widerstandskraft des Körpers ist inzwischen allgemein bekannt. Wie Ernährung und Gesundheit voneinander abhängen, ist durch wissenschaftliche Untersuchungen erforscht und belegt. Trotzdem gibt es weiterhin viele Menschen, die sich falsch ernähren. Ein Grund dafür dürften Gewohnheiten sein, die nicht schnell zu ändern sind. Andererseits wird vielfach geglaubt, daß gesunderhaltende Ernährung nicht schmecke. Daß aber gesunde Kost auch hervorragend schmecken kann, zeigen die Rezepte in diesem Kochbuch. Bei ihrer Erarbeitung wurden die Überlegungen im Textteil berücksichtigt, so daß es sich um eine bedarfsgerechte und zeitgemäße Ernährung handelt.

Die Vollwert-Ernährung beginnt mit der Auswahl der richtigen Lebensmittel. Lebensmittel aus kontrolliert-ökologischem (kontrolliert-biologischem) Anbau enthalten im allgemeinen weniger Rückstände als herkömmlich erzeugte Produkte. Leider sind Bezeichnungen wie »biologisch« oder »vollwertig« nicht geschützt. Sie werden oft zu Werbezwecken mißbraucht. Am sichersten ist es, wenn Sie sich an den Warenzeichen der anerkannten ökologischen Anbauverbände (siehe Seite 140) orientieren.

Getreide

Einkaufen und aufbewahren

Kaufen Sie nur gut gereinigtes Getreide. Andernfalls müssen Sie Verunreinigungen und Unkrautsamen selbst auslesen. Das gilt vor allem für die giftigen dunkelbraunen, rundlichen Samen der Kornrade, die bei uns aber nur noch sehr selten vorkommt. Leicht zu erkennen ist das Mutterkorn. Es entsteht beim Roggen – seltener beim Weizen und anderen Getreidearten – durch Pilzbefall. Dabei bildet sich nach verschiedenen Entwicklungsstadien ein violettschwarzes, im Innern schneeweißes Korn. Es ist leicht gebogen und etwas größer als ein Roggenkorn. Beim Vermahlen von Getreide sollte möglichst kein Mutterkorn ins Mehl geraten. Nach einer EG-Richtlinie ist im Getreide allerdings ein Gehalt an Mutterkorn von maximal 0,05 % erlaubt. Das entspricht etwa 3 Körnern in 200 g Getreide.

Die richtige Lagerung

Nur gut getrocknetes Getreide ist lagerfähig! Ob Getreide feucht oder trocken ist, können Sie mit dem »Löffel-Test« prüfen: Zerdrücken Sie ein Getreidekorn auf einer harten Unterlage mit einem breiten Löffelstiel: trockenes Getreide zerspringt, feuchtes wird flockig zerquetscht. Feuchtes Getreide können Sie bei 30 bis höchstens 35° schonend trocknen: dünn ausgebreitet auf der Heizung oder im leicht geöffneten Backofen oder bei kleinster Einstellung im elektrischen Dörrapparat. Legen Sie die Siebe mit perforiertem Pergamentpapier, (mit einer Nadel mehrmals einstechen) aus, damit die Körner nicht durchrutschen.

4 Regeln für die Lagerung:

1. Kühl und trocken lagern – möglichst bei Temperaturen unter 15°. Je trockener Getreide und Lagerraum, desto weniger Einfluß hat die Temperatur auf die Lagerfähigkeit. Die Küche ist zur Aufbewahrung größerer Mengen ungeeignet.

2. Getreide will atmen! Wird der Luftaustausch für längere Zeit unterbunden, verringert sich die Keimfähigkeit des Korns. Sperren Sie es also nicht in luftdichte Gefäße ein! Gut eignen sich Leinen-, Jute- oder Papiersäcke, Kästen oder Getreidesilos aus unbehandeltem Holz, unglasierte Tontöpfe mit Lüftungslöchern. Kleine Mengen, die in der Küche öfters gebraucht und umgeschichtet werden, können Sie auch in Gläsern aufbewahren.

3. Getreide vor Fremdgerüchen schützen, denn die Getreideschale läßt sie durch. Getreide sollte nicht neben stark riechenden Lebensmitteln oder im Küchendunst stehen.

4. Getreide öfter bewegen! Mischen Sie das Getreide bei jeder Entnahme durch. Das verbessert die Luftzirkulation und schreckt Schädlinge ab.

Vorratsschädlinge

Trotz aufmerksamer Prüfung beim Einkauf und Sauberkeit im Haushalt läßt sich das Auftreten von Vorratsschädlingen nicht immer verhindern. Meist werden sie unbemerkt mit den gekauften Lebensmitteln eingeschleppt. Die feuchtwarme Atmosphäre in der Küche begünstigt ihr Auftreten.

Kornkäfer

Der Kornkäfer ist ein braunschwarzer, langestreckter, etwa 4 mm großer Rüsselkäfer. Er verkriecht sich im allgemeinen unter den Getreidekörnern. Deshalb ist er zunächst kaum zu entdecken. Bei Wärme und hoher Luftfeuchtigkeit fühlt er sich am wohlsten. Bei Temperaturen unter 12° stellt er seine Eiablage ein. Den Käfer und alle seine Entwicklungsstadien können Sie vernichten, wenn Sie das Getreide einfrieren und 24 Stunden lang auf –15° halten. Dies empfiehlt sich jedoch nur bei leichterem Befall. Bei stärkerem Auftreten sollten Sie das Getreide nicht im Haushalt verwenden.

Mehlmilben

sind 0,3 bis 0,5 mm groß und nur mit der Lupe zu erkennen. Sie befallen vor allem Getreide und Mehl, das zu feucht und warm gelagert wird. Beim Fressen erzeugen sie feine Staubteilchen, die sich in den Lagerbehältern ansammeln und beim Umschütten sichtbar werden. Ist der Befall noch gering, können Sie die Schädlinge durch Erhitzen auf über 70° und anschließendes Absieben entfernen. So erhitztes Getreide sollten Sie nur noch zum Kochen und Backen verwenden.

Mehlmotte

Nicht nur Getreide, auch Mandeln, Nüsse und vieles andere sind für die Larven der Mehlmotte ein »gefundenes Fressen«. Sie durchziehen die Lebensmittel mit einem dichten Gespinst und verunreinigen sie mit ihrem Kot. Ist das Getreide nur gering befallen, können durch eine 6 Stunden dauernde Erhitzung auf 50° alle Entwicklungsstadien der Mehlmotte abgetötet werden. Zum Rohverzehr ist solches Getreide nicht mehr geeignet.

Dörrobstmotte

Außer Dörrobst werden auch Nüsse, Mandeln, Getreide und Getreideprodukte sowie zahlreiche andere pflanzliche Nahrungsmittel häufig von der Dörrobstmotte befallen. Schäden entstehen vor allem durch die Spinntätigkeit und die Verunreinigungen der Larven. Befallene Vorräte können nicht mehr verwendet werden. Hohe Feuchtigkeit fördert das Auftreten dieses Schädlings.

Verwendung von Getreide

Kaum ein Lebensmittel läßt sich so vielseitig und abwechslungsreich zubereiten wie Getreide. Hitzeempfindliche Inhaltsstoffe bleiben im rohen Produkt am besten erhalten. Sie sollten deshalb einen Teil des Getreides täglich in unerhitzter Form verzehren, zum Beispiel im Frischkornmüsli oder in Salaten. Gekochte oder gebackene Getreidegerichte können in vielen Variationen auf den Tisch kommen. Beim Grundrezept auf Seite 56/57 können Sie nachlesen, was Sie beim Kochen von Getreide beachten sollten.

Tips für die Zubereitung:

1. Ganze Körner (außer Hirse und Buchweizen) sollten Sie vor dem Kochen einige Stunden einweichen. Dadurch verkürzt sich nicht nur die Kochzeit, auch das Phytin (eine in Getreide und anderen Samen enthaltene Phosphorverbindung) wird abgebaut. Phytin bindet Mineralstoffe wie Calcium und Magnesium, die dann vom Organismus nicht mehr aus dem Darm aufgenommen werden können.

Durch Einweichen, Ankeimen, beim Backen mit Hefe oder Sauerteig wird das im Korn vorhandene Enzym Phytase aktiviert und das Phytin abgebaut. Bei ganzen Körnern ist der Abbau nach etwa 15 Stunden, bei geschrotetem Getreide bereits nach 30–60 Minuten abgeschlossen. Es gibt aber auch Hinweise darauf, daß der Körper bei längerem Verzehr von Vollkorngetreide in der Lage ist, das Phytin teilweise selbst abzubauen.

2. Getreidekörner immer in ungesalzenem Wasser oder Gemüsebrühe kochen. Roggen, Weizen und Nacktgerste werden sonst nicht richtig weich.

Das wichtigste Gerät in der Vollwertküche ist die Getreidemühle. Das ganze Getreidekorn ist zwar jahrelang haltbar, doch sobald es zerkleinert ist, werden die Vitamine und Aromastoffe durch den Luftsauerstoff angegriffen und das empfindliche Keimöl wird nach kurzer Zeit ranzig. Deshalb sollten Sie das Getreide erst unmittelbar vor der Verarbeitung mahlen. Anfangs können Sie Getreide in kleinen Mengen im Reformhaus oder im Naturkostladen frisch mahlen lassen. Bitte bewahren Sie es, gut verschlossen, kühl und dunkel auf und verbrauchen Sie es innerhalb von 4 Wochen. Im Handel angebotenes Vollkornmehl ist in der Regel thermisch stabilisiert und deshalb länger haltbar. Dabei werden die Randschichten und der Keim vom Mehlkörper getrennt und auf 60–70° erhitzt.

Danach werden alle Bestandteile wieder zusammengemischt. Auch die im Handel erhältlichen Getreideflocken sind im allgemeinen durch Erhitzen haltbar gemacht. Solche Produkte weisen nicht mehr den vollen Wert des unerhitzten Getreides auf.

Gemüse und Obst

Makelloses Aussehen, glänzendes Äußeres und gleichmäßige Größe sind meist nicht Ausdruck einer inneren Qualität. Viel wichtiger als solche Äußerlichkeiten sind intensiver arteigener Duft und Geschmack, hoher Vitamin- und Mineralstoffgehalt, gute Haltbarkeit und eine möglichst geringe Schadstoffbelastung. Viele Untersuchungen haben gezeigt, daß Gemüse und Obst aus ökologisch-kontrolliertem Anbau darin den Produkten aus konventioneller Massenproduktion überlegen sind. Kaufen Sie möglichst Gemüse und Obst aus der näheren Umgebung, das im Freiland gewachsen ist. Es ist meist preiswerter und enthält weniger Schadstoffe und Nitrat als Treibhausgemüse. Mit etwas Phantasie und Überlegung läßt sich auch während der kalten Jahreszeit ein großer Teil des täglichen Speiseplans mit Wintergemüse und Lagerobst aus heimischem Anbau bestreiten. Sauerkraut und andere milchsauer eingelegte Gemüse, tiefgefrorenes Obst und Gemüse sowie ungeschwefelte Trockenfrüchte ergänzen das Angebot.

Licht, Luft, Hitze und Wasser können Vitamine, Aroma- und Farbstoffe sowie Mineralstoffe und Spurenelemente von Obst und Gemüse bei falscher Behandlung rasch zerstören oder ihren Gehalt vermindern. Deshalb einige Grundregeln für den richtigen Umgang:

1. Gemüse und Obst möglichst frisch verbrauchen. Notfalls können Sie es 1–2 Tage im Gemüsefach des Kühlschranks oder im kalten Keller in Steinguttöpfen oder ähnlichen Gefäßen aufbewahren. Eine Ausnahme bilden Tomaten, die bei kühler Lagerung an Aroma verlieren. Zum Schutz vor Austrocknen und Welkwerden packen Sie das Gemüse in ein feuchtes, gut ausgewrungenes Tuch.

2. Blattgemüse in stehendem, mehrfach erneuertem Wasser waschen. Blattsalate trockenschleudern. Wurzel- und Knollengemüse unter fließendem Wasser sauber bürsten; nur harte Stellen schälen. Gemüse und Obst niemals im Wasser liegen lassen. Bei Äpfeln und Birnen lassen sich Blei und andere Schwermetalle zu einem großen Teil durch kräftiges Abreiben mit einem Tuch entfernen. Anschließend gründlich warm waschen.

3. Gemüse erst nach dem Waschen putzen. Dann zerkleinern und sofort weiterverarbeiten. Durch das Zerkleinern vergrößert sich die Oberfläche und damit die Angriffsfläche für Luftsauerstoff und Wasser. Besonders empfindlich gegenüber Licht und Luft sind Vitamin C und Provitamin A. Decken Sie deshalb Schüsseln und Töpfe immer zu. Mischen Sie Frischkostsalate sofort mit etwas Zitronensaft oder Essig und Öl oder mit der vorbereiteten Salatsauce; denn Säure oder ein Fettfilm schützen die empfindlichen Inhaltsstoffe.

4. Das Gemüse mit wenig Wasser in einen gut schließenden Topf füllen, sparsam salzen. Bei starker Hitze ankochen, bei schwacher Hitze fertiggaren. Den Topf möglichst nicht öffnen, den Inhalt nicht umrühren. Gegebenenfalls nur kräftig schütteln. Das Gemüse nicht zu weich kochen, es soll noch »Biß« haben.

5. Butter, Sahne oder kaltgepreßtes unraffiniertes Öl, pulverisierte Gewürze und frische Kräuter erst nach dem Garen zum Gemüse geben.

Tip: Zur Vitaminanreicherung etwa ein Viertel des rohen Gemüses zurücklassen und fein zerkleinert unter das gedünstete Gemüse mischen. (Ausnahmen: Grüne Bohnen dürfen nicht roh verzehrt werden, da sie Giftstoffe enthalten, die beim Erhitzen zerstört werden. Und rohe Kartoffeln kann der menschliche Organismus nicht verdauen.)

Zeitplanung ist wichtig

Unmittelbar nach der Zubereitung sollten die Speisen gegessen werden. Jede Verzögerung beeinträchtigt nicht nur Aussehen und Geschmack, sondern zerstört auch die besonders empfindlichen Vitamine. Können nicht alle Familienmitglieder zu gleicher Zeit essen, müssen Sie die Speisen rasch im kalten Wasserbad abkühlen, vorübergehend in den Kühlschrank stellen und bei Bedarf kurz aufwärmen. (Wichtig: Aufgewärmtes Blattgemüse kann vor allem für Kleinkinder schädlich sein, weil das im Gemüse enthaltene Nitrat bei längerem Stehen oder Wiedererwärmen in Nitrit umgewandelt wird.)

Nach Untersuchungen der Bundesforschungsanstalt für Ernährung werden beim Warmhalten von Speisen bei 70–80° in einer Stunde mehr Vitamine zerstört als bei der Aufbewahrung im Kühlschrank in einem Tag oder im Gefriergerät in einem Monat.

Besonders empfindlich sind Frischkostsalate. Sie sollten ganz frisch auf den Tisch kommen. Das ist sehr einfach, wenn Sie die Salatsauce vorher zubereiten und kühl stellen. Auch das gewaschene, geputzte Gemüse kommt in speziellen Frischhaltedosen für kurze Zeit in den Kühlschrank. Mit den modernen Küchenmaschinen läßt es sich in wenigen Minuten zerkleinern.

Wie die folgende Tabelle zeigt, sind beim Dünsten die Vitaminverluste am geringsten:

	Vitamin B$_1$			Vitamin C		
	Kochen mit viel Wasser	Dampfdrucktopf	Dünsten mit wenig Wasser	Kochen mit viel Wasser	Dampfdrucktopf	Kochen mit wenig Wasser
Spinat	59 %	33 %	18 %	66 %	35 %	18 %
Wirsing	66 %	35 %	27 %	26 %	20 %	9 %
Blumenkohl	46 %	26 %	19 %	35 %	23 %	7 %
Rosenkohl	30 %	18 %	13 %	34 %	22 %	15 %
Sellerie	14 %	14 %	14 %	51 %	66 %	25 %
Kartoffeln	23 %	24 %	14 %	16 %	27 %	7 %

aus: von Koerber/Männle/Leitzmann: »Vollwert-Ernährung«, Heidelberg 1987 S. 122.

Hülsenfrüchte

Getrocknete Erbsen, Bohnen und Linsen haben in der Vollwertküche einen festen Platz eingenommen. Sie sind die Grundlage für kräftige Suppen und Eintöpfe, verführerisch duftende Aufläufe, exotisch gewürzte Gerichte, vielerlei Salate und delikate Brotaufstriche.

<u>Einkauf und Aufbewahrung</u>
Hülsenfrüchte sollten glatt und glänzend sein und keine Verunreinigungen aufweisen. Kreisrunde Löcher und dunkle Stellen deuten auf den Befall mit Erbsen-, Linsen- oder Speisebohnenkäfern hin.

Hülsenfrüchte müssen trocken, luftig und dunkel (in Papiertüten oder Stoffsäckchen) gelagert und öfter bewegt werden, um Käferbefall vorzubeugen.

Grundregeln für die Zubereitung:

1. Hartes, also kalkhaltiges Wasser vorher abkochen. Sonst werden die Samen nicht weich.

2. Salzen vor dem Kochen verlängert entgegen landläufiger Meinung die Garzeit nicht. Dagegen sollten Sie Säuren wie Zitronensaft, Essig oder Wein erst nach dem Kochen dazugeben, sonst bleiben die Hülsenfrüchte hart.

3. Die Garzeit der Hülsenfrüchte ist unterschiedlich. Sie hängt ab von der Sorte und dem Alter der Samen, dem Kalkgehalt des Wassers und der vorausgegangenen Quellzeit.

Die untenstehende Tabelle ist eine ungefähre Orientierungshilfe für Sie.

Kartoffeln

Kartoffeln enthalten hochwertiges Eiweiß, viele Vitamine (vor allem Vitamin C und B_1), sie sind reich an Mineralstoffen und wertvollen Ballaststoffen. Doch nicht jede Sorte ist für jedes Gericht geeignet. Nehmen Sie also:
● festkochende Kartoffeln für Salate, Schmor-, Brat- und Pellkartoffeln;
● vorwiegend festkochende Kartoffeln für Gratins, Schmor-, Brat- und Pellkartoffeln; Suppen, Eintöpfe, Kartoffelpuffer und Kartoffelpüree;
● mehligkochende Kartoffeln für Püree, Klöße, Suppen und Eintöpfe.

Für Klöße, Püree und Kartoffelgebäck eignen sich nur ältere, etwas abgelagerte Kartoffeln mit höherem Stärkegehalt. Die »Neuen« sind noch zu wässrig. Sie schmecken am besten als Pell- oder Schalenkartoffeln.

Kartoffeln müssen kühl, dunkel, trocken und luftig aufbewahrt werden. In der Wärme beginnen die Knollen bald zu keimen und zu schrumpeln. Wenn sie Frost abbekommen, wandelt sich die Kartoffelstärke in Zucker um. Die Kartoffeln schmecken süßlich, werden weich und faulen schnell. Unter Lichteinfluß bildet sich das giftige Solanin. Es ist besonders in den grün gefärbten Teilen der Knolle und in den »Augen«, also den Keimstellen, konzentriert. Deshalb sollten Sie grüne Stellen schon vor dem Garen großzügig abschneiden und die Keime ausstechen. Solanin ist auch in der Schale und – in geringeren Mengen – in der übrigen Knolle vorhanden. Allerdings enthalten Speisekartoffeln heute infolge langjähriger Veredelung relativ wenig Solanin. (Ein Gehalt von 20 mg/100 g gilt als nicht gesundheitsschädlich.) Solanin ist hitzebeständig. Da es wasserlöslich ist, geht es beim Garen teilweise in das Kochwasser über. Deshalb sollten Sie beim Kochen vonn Pellkartoffeln das Wasser nicht weiterverwenden.

Der größte Teil der Mineralstoffe, aber auch Vitamine, sekundäre Pflanzeninhaltsstoffe und Eiweiß befinden sich bei den Kartoffeln dicht unter der Schale. Die Schale selbst enthält Ballaststoffe. Kartoffeln bewahren Geschmack und Inhaltsstoffe am besten, wenn sie ungeschält in wenig Wasser oder im Dämpfeinsatz gegart werden. Solange die braunen Knollen noch prall und fest sind, können sie ab und zu mit der Schale verspeist werden.

Garzeiten von getrockneten Hülsenfrüchten

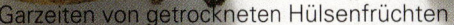

Sorten	Quellzeit (Std.)	Garzeit
Adzukibohnen	8–12	30–45 Minuten
Mungobohnen	8–12	30–45 Minuten
Mungobohnen	1	1 Stunde
Gelbe Sojabohnen	8–12	1 Stunde
Alle übrigen Bohnen	8–12	1–11/2 Stunden
Linsen, ungeschält	8–12	15–20 Minuten
Linsen, ungeschält	–	1 Stunde
Erbsen, ungeschält	8–12	1–11/2 Stunden
Erbsen, geschält	1	45–60 Minuten
Kichererbsen	8–12	1–11/2 Stunden

Sprossen und Keimlinge

Sprossen und Keimlinge sind vor allem im Winter und im Frühjahr eine willkommene Bereicherung des Speisezettels. Verglichen mit anderen Salatgemüsen liefern sie beträchtliche Mengen an Mineralstoffen, vor allem Kalium, Calzium, Phosphor, Magnesium und Eisen. Während des Keimens steigt der Vitamin- und Eiweißgehalt zum Teil an, der Fettanteil verringert sich. Kohlenhydrate werden abgebaut beziehungsweise umgewandelt. Hülsenfrüchte werden leichter verdaulich, sie verlieren einen großen Teil ihrer blähenden Wirkung.

Zum Keimen eignen sich besonders gut:
1. Getreide: Weizen, Roggen, Nacktgerste, Mais, ungeschälte Hirse;
2. Hülsenfrüchte: Sojabohnen, Mungobohnen, Linsen, Erbsen, Kichererbsen, Alfalfa (Luzerne), Bockshornklee;
3. Sonstige Samen: Kresse, Rettich, Senf, ungeschälter Sesam, geschälte Sonnenblumenkerne.

Nicht keimfähig sind:
Entspelzte Getreide, Grünkern, geschälte Hirse (diese Sorte wird zum Kochen verwendet), geschälter Sesam und geschälte Linsen.
Bei Nackthafer, Buchweizen, Naturreis und Kürbiskernen sind die Keimergebnisse nicht immer zufriedenstellend.

Keimfähige, chemisch nicht behandelte Samen sind in Reformhäusern und Naturkostläden erhältlich.

Wie wird gekeimt?

Samen brauchen zum Keimen Wasser, Wärme, Luft und Licht.

Große Samen (Getreide, Hülsenfrüchte, Sonnenblumenkerne) können Sie ganz einfach in einem Sieb oder einem Einmachglas keimen. Und das geht so:
Die Samen verlesen und in einem Sieb gründlich abspülen. Das Sieb in eine Schüssel hängen; sie soll so groß sein, daß die Luft ringsum zirkulieren kann. So viel frisches Wasser zugießen, daß die Samen gut bedeckt sind. Die Samen 10–12 Stunden bei Zimmertemperatur quellen lassen. Das Wasser abgießen. Mit frischem kaltem Wasser durchspülen. Den Spülvorgang 2- bis 3mal täglich wiederholen. Gekeimte Samen halten sich im Kühlschrank zugedeckt drei Tage frisch. Vor der Verwendung nochmals durchspülen.

Wichtig: Die Körner sollen hell (aber nicht in der Sonne!) stehen, damit das in den Samen enthaltene Nitrat abgebaut werden kann. Das Sieb während des Keimens zu zwei Dritteln mit einem Glasteller abdecken, so daß die Samen nicht austrocknen, die Luft aber noch zirkulieren kann.

Ähnlich funktioniert das Keimen im Einmachglas: Etwa 1/2–1 Tasse verlesenen Samen 10–12 Stunden in reichlich Wasser quellen lassen. Dann abspülen und in ein großes Glas (etwa 11/2 l Inhalt) füllen. Das Glas mit Kunststoffgaze und einem Gummiring verschließen. 2- bis 3mal täglich mit kaltem Wasser durchspülen. Dann das Gefäß mit der Öffnung nach unten schräg stellen, damit das Wasser völlig ablaufen kann.

Am wertvollsten sind gekeimte Samen, wenn sie unerhitzt verspeist werden: im Frischkornmüsli, in Salaten, in süßen und pikanten Quarkmischungen und in Brotaufstrichen. Sprossen und Keimlinge schmecken auch in Suppen und Eintöpfen, als Füllung in Pfannkuchen und Aufläufen oder als Beilage zu Gemüse.
Wichtig: Hülsenfrüchte enthalten natürliche Giftstoffe (Hämaglutinine), die beim Keimvorgang nur teilweise abgebaut werden. Deshalb sollten Sie in der Regel gekeimte Hülsenfrüchte 3 Minuten in kochendem Wasser blanchieren. In Linsen- und Mungobohnensprossen sind diese Stoffe nur noch in geringen Spuren vorhanden. Blanchieren ist nur nötig, wenn sie häufig oder in großen Mengen verzehrt werden.

Keimdauer von verschiedenen Samen

Sorten	Einweich-zeit (Stunden)	ungefähre Keimdauer (Tage)	ungefährer Ertrag von 10 g Samen
Adzukibohnen	12	3–4	30 g
Alfalfa (Luzerne)	5	5–10	50 g
Bockshornklee	6	2–3	35 g
Buchweizen, ungeschält	1–2	3–4	25 g
Erbsen, gelbe und grüne	1–2	3–4	20 g
Hirse, ungeschält	8–12	3–4	20 g
Kichererbsen	12	3–5	20 g
Kresse	–	6–8	50 g
Leinsamen	–	2–3	25 g
Linsen, ungeschält	–	6–10	40 g
Mungobohnen	12	3–4	40 g
Nacktgerste	12	2–3	25 g
Nackthafer	8	2–3	25 g
Rettich	4–5	3–4	40 g
Roggen	12	2–3	25 g
Senf	4	3–4	30 g
Sesam, ungeschält	6	3–4	20 g
Sonnenblumenkerne	4	3	20 g
Weizen	12	2–3	25 g

Nützliche Geräte

Getreidemühle: Ob das Getreide mit Mahlsteinen, Stahl- oder Keramikmahlwerk gemahlen wird, hat nur einen Einfluß auf das Mahlergebnis, nicht aber auf die Erhaltung der Inhaltsstoffe des Korns. Sie können wählen zwischen

1. Mahlwerkvorsätzen, passend zu vielen Küchenmaschinen;

2. Kombinationsgeräten: Mit einem Motorblock können verschiedene Zusatzgeräte betrieben werden: Getreidemühle, Frischkostraffel mit verschiedenen Trommeln zum Raspeln und Reiben, Flocken-Bar zum Quetschen von frischen Getreideflocken;

3. Kompaktgeräten: also Mühlen ausschließlich zum Mahlen von Getreide. Sie sind für Dauerbetrieb geeignet und können auch größere Mengen ohne Unterbrechung mahlen.

Tips für den Mühlenkauf: Lassen Sie sich eingehend in Fachgeschäften, Reformhäusern oder Naturkostläden beraten und mehrere Mühlen vorführen.
Achten Sie darauf, daß die Mühle leicht und sicher zu bedienen ist und sich gut reinigen läßt (auch das Mahlwerk). Damit auch feines Gebäck gut gelingt, sollte die Mühle einen hohen Anteil an Feinmehl (60-80 %) mahlen.
Flockenquetsche: damit können Sie »im Handumdrehen« frische Getreideflocken herstellen, die im Gegensatz zu den im Handel erhältlichen Flocken nicht wärmebehandelt sind.
Mit der »Flocken-Bar«, einem Zusatzgerät zu elektrischen Küchenmaschinen, können Sie größere Getreidemengen schnell zu Flocken verarbeiten.

Keimgeräte: Besonders bewährt hat sich die »Keimfrisch-Box«, die eine sehr gute Belüftung des Saatgutes gewährleistet. Im »Biosnacky« können Sie auf 3 Etagen gleichzeitig keimen. Weniger günstig sind Keimgeräte aus Ton. Da hier die Samen im Dunkeln keimen, kann das Nitrat nicht abgebaut werden.

Gemüseraffeln als Zubehör zu Küchenmaschinen: zum Reiben und Raspeln von Gemüse, Käse und Nüssen.

Rohkostreiben und Gurkenhobel mit auswechselbaren Einsätzen aus Edelstahl: zum Zerkleinern von Gemüse und Äpfeln in kleinen Mengen.

Blitzhacker: Zerkleinert blitzschnell nicht zu weiches Obst, Käse, Nüsse, gekeimtes und gekochtes Getreide.

Pürierstab: Zum Pürieren von Gemüse und Kartoffeln, zum Rühren von Cremes und Mayonnaise.

Spar-GarBox: Eine Styroporbox mit passendem Edelstahltopf. In dieser modernen »Kochkiste« kann Getreide schonend ausquellen.

Die richtigen Messer: Gute, schwere Messer sind nicht billig, halten aber bei richtiger Behandlung ein Leben lang.
Mit einem großen Kochmesser (Länge der Klinge 23–25 cm) zum Schneiden von Gemüse, Hacken von Kräutern und Nüssen, und zwei kleineren Messern (Länge der Klinge 14–16 und 10 cm) zum Putzen, Schälen und Zerschneiden sowie einem Wellenschliffmesser für Tomaten und weiche Früchte ist Ihre Küche gut ausgestattet.

Die Klinge muß aus Edelstahl geschmiedet und der Übergang von der Klinge zum Griff mit dem Stahl der Klinge ausgearbeitet sein. Der Griff darf nicht zu schmal sein, damit sich Ihre Hand beim Schneiden nicht verkrampft.

Der richtige Herd: Nach meiner Erfahrung speichern Kochplatten die Wärme länger als Glaskeramik-Kochfelder (wichtig beim Nachquellen von Getreide und Hülsenfrüchten). Sie lassen sich auch feiner regulieren. Als »Geheimtip« bei Vollkornbäckern und -bäckerinnen gilt der Manz-Brotbackofen (siehe Seite 140).

Frischkost und Salatmahlzeiten

Wichtigste Empfehlung der Vollwert-Ernährung: Die Hälfte
der täglichen Nahrungsmenge sollte aus Rohkost bestehen.
Im folgenden Kapitel finden Sie deshalb die schönsten
Anregungen für verlockende, frische Rohkostteller und Salate.
Probieren Sie Griechischen Wirsingsalat. Frischkostplatte mit
zwei Saucen oder Zuckerhutsalat mit Möhren und Avocado.
Diese reizvollen Kombinationen werden Ihnen bestimmt
gut schmecken.

Spargelplatte mit Kräutersahne

Zutaten für 4 Personen:

Für den Salat:
700 g weißer Spargel
2 Teel. gekörnte Gemüsebrühe
10 g Butter
1/4 Teel. Meersalz
4 Eßl. Apfelessig
6 Eßl. kaltgepreßtes, unraffi-
    niertes Sonnenblumenöl
1/2 Kopfsalat oder anderer
    Blattsalat
100 g kleine Champignons
4 kleine reife Tomaten

Für die Kräutersahne:
1/4 Teel. Meersalz
3 Eßl. Zitronensaft
2 Eßl. Balsamessig (Aceto
    balsamico)
2 Teel. mittelscharfer Senf
1 Eigelb
2 Eßl. kaltgepreßtes, unraffi-
    niertes Walnußöl
2 Eßl. kaltgepreßtes, unraffi-
    niertes Sonnenblumenöl
4 Eßl. frisch gehackte Kräuter
    (viel Dill, Petersilie, Zitronen-
    melisse, Zitronenthymian,
    wenig Estragon und Schnitt-
    lauch)
100 g Sahne
frisch gemahlener weißer
    Pfeffer

Zubereitungszeit:
1 Stunde 40 Minuten,
davon
Arbeitszeit:
1 Stunde 20 Minuten,

Das schmeckt dazu:
Neue Kartoffeln oder Vollkorn-
baguette

Tips:
Den aromatischen Kochsud
können Sie als Trinkbrühe
servieren oder für eine Suppe
verwenden.
Die Sahnesauce schmeckt auch
sehr gut zu einer Frischkostplatte mit gemischten Gemüsen.
Gut passen zum Beispiel:
Kopfsalat, Blumenkohl, junge
Zucchini, Möhren, Tomaten,
Champignons und grüne Paprikaschoten.

1 Den Spargel unter fließendem Wasser sauber
bürsten. Die Stangen von den
Spitzen aus schälen, holzige
Enden abschneiden.

2 Die Spargelabfälle knapp
mit Wasser bedeckt etwa
15 Minuten auskochen. Den
Sud in einen Kochtopf sieben.

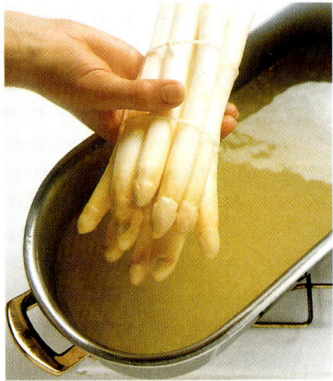

3 Die gekörnte Brühe und die
Butter in den Sud geben.
Den Spargel darin zugedeckt
bei schwacher Hitze in etwa
10 Minuten bißfest kochen.

4 Die Stangen mit dem
Schaumlöffel herausneh-
men, abtropfen lassen und in
eine flache Schüssel legen.

5 Das Salz mit dem Essig
verrühren, bis das Salz aufgelöst ist. Das Öl unterschlagen. Den Spargel darin etwa
20 Minuten marinieren.
Zwischendurch immer wieder
mit der Vinaigrette begießen.

6 Für die Kräutersahne das Salz mit dem Zitronensaft und dem Essig verrühren. Den Senf und das Eigelb damit verquirlen. Beide Ölsorten tropfenweise unterschlagen. Die Kräuter unterrühren. Die Sahne halbsteif schlagen und unterziehen. Die Kräutersahne mit Pfeffer abschmecken.

7 Die Salatblätter waschen, trockenschleudern und eine Platte damit auslegen. Den Spargel aus der Marinade nehmen, abtropfen lassen und auf den Salat betten.

8 Die Champignons mit Küchenkrepp säubern und die Stielenden abschneiden. Die Pilze in dicke Scheiben schneiden. Die Tomaten in Achtel teilen, dabei die Stielansätze entfernen.

9 Den Spargel mit den Pilzen und den Tomaten garnieren. Einige Löffel Kräutersahne über die Spargelstangen geben. Die restliche Sahnesauce dazu servieren.

Zucchinisalat in Käsesauce

Zutaten für 4 Personen:

Für die Sauce:
50 g Gorgonzola
1–2 Eßl. Weißweinessig
75 g Joghurt
75 g saure Sahne
1 Prise Meersalz
frisch gemahlener schwarzer
    Pfeffer

Für den Salat:
1/2 Kopf Endiviensalat
1 zarte Lauchstange
250 g reife, feste Tomaten
250 g junge Zucchini
2 Eßl. frisch gehackter Kerbel

Arbeitszeit:
20 Minuten

1 Den Käse mit einer Gabel fein zerdrücken. Den Essig und 2 Eßl. Joghurt damit verrühren. Den restlichen Joghurt und die saure Sahne unterschlagen. Die Sauce mit dem Salz und Pfeffer abschmecken.

2 Den Endiviensalat putzen, waschen, trockenschleudern und in Streifen schneiden. Die Lauchstange putzen, längs einschneiden und gründlich waschen. Nur die zarten weißen Teile in schmale Streifen schneiden (etwa 2 Eßlöffel)

3 Die Tomaten halbieren und in Scheiben schneiden. Die Zucchini ebenfalls in Scheiben schneiden.

4 Den Kerbel zum Salat geben. Alles locker mischen und die Käsesauce vorsichtig unterheben.

Griechischer Wirsingsalat

Zutaten für 4 Personen:

Für die Sauce:
1/4 Teel. Meersalz
4 Eßl. Apfelessig
2 Eßl. trockener Weißwein oder
    Wasser
4 Eßl. kaltgepreßtes, unraffi-
    niertes Olivenöl
1 grüne Chilischote
1 Eßl. sehr feine Zwiebelwürfel
1 Knoblauchzehe

Für den Salat:
250 g Wirsing
150 g junge Zucchini
1 große gelbe Paprikaschote
250 g reife feste Tomaten
150 g Schafkäse
1 Tasse schwarze Oliven
frisch gemahlener schwarzer
    Pfeffer

Arbeitszeit:
30 Minuten

1 Das Salz mit dem Essig verrühren, bis es aufgelöst ist. Den Wein oder das Wasser und das Öl damit verquirlen.

2 Die Chilischote längs durchschneiden, die Kerne und die weißen Innenwände entfernen. Die Schote abspülen, sehr fein hacken und mit den Zwiebelwürfeln unter die Sauce rühren. Die Knoblauchzehe schälen und dazupressen.

3 Das Gemüse putzen und waschen. Den Wirsing – am besten mit dem elektrischen Allesschneider – in feine Streifen hobeln und mit der Salatsauce vermengen.

4 Die Zucchini in dünne Scheiben schneiden. Die Paprikaschote vierteln, entkernen und quer in schmale Streifen schneiden. Die Tomaten in Achtel teilen, dabei die Stielansätze entfernen.

Sommersalat mit Kräutervinaigrette

5 Den Schafkäse in kleine Würfel schneiden oder zerbröckeln. Die Hälfte des Käses und die Hälfte der Oliven unter den Salat mischen. Mit Pfeffer abschmecken. Den Salat mit dem restlichen Schafkäse und den übrigen Oliven garnieren.

Das schmeckt dazu:
Thymianfladen oder Vollkornbrötchen.

Varianten:
Gut schmeckt der Salat auch, wenn Sie statt Wirsing Eissalat oder Bataviasalat nehmen.

Zutaten für 4 Personen:

Für die Vinaigrette:
knapp 1/2 Teel. Meersalz
frisch gemahlener schwarzer
    Pfeffer
2 Eßl. Rotweinessig
2 Eßl. Apfelessig
4 Eßl. kaltgepreßtes, unraffiniertes Olivenöl
2 Eßl. kaltgepreßtes, unraffiniertes Sonnenblumenöl
3 Eßl. frisch gehackte Kräuter (Thymian, Estragon, Dill, Petersilie, viel Basilikum)

Für den Salat:
300 g junge grüne Bohnen
3–4 Zweige Bohnenkraut
1/4 Teel. Meersalz
1 Tasse Wasser
1–2 Sommerzwiebeln mit
    Grün (100 g)
200 g hellgrüne Paprikaschoten
200 g kleine gelbe Zucchini
400 g reife Tomaten
200 g Fenchel
200 g Schafkäse

Zubereitungszeit:
50 Minuten, davon
Arbeitszeit:
30 Minuten

1 Das Salz und den Pfeffer mit dem Essig verrühren, bis das Salz aufgelöst ist. Das Öl damit verquirlen. Die Kräuter verrühren.

2 Die Bohnen waschen, putzen und in Stücke schneiden. Das Bohnenkraut zusammenbinden.

3 Das Wasser mit dem Salz und dem Bohnenkraut aufkochen. Die Bohnen darin in 8 – 10 Minuten bißfest garen. Das Wasser abgießen, die Bohnen in eine Schüssel füllen.

4 Die Zwiebeln fein würfeln, das Grün in schmale Ringe schneiden und zu den Bohnen geben. Die Vinaigrette unterheben. Den Salat zugedeckt 30 Minuten ziehen lassen.

5 Die Paprikaschoten vierteln, entkernen und quer in Streifen schneiden. Die Zucchini putzen und in Scheiben schneiden. Die Tomaten achteln, dabei die Stielansätze entfernen.

6 Den Fenchel putzen, das Fenchelgrün zum Garnieren beiseite legen. Die Fenchelknolle längs halbieren. Die Hälften mit der Schnittfläche auf das Schneidbrett legen und in der Mitte so einschneiden, daß sie am Wurzelende noch zusammenhalten. Dann quer in Streifen schneiden.

7 Den Schafkäse in Würfel schneiden. Alle Salatzutaten und die Hälfte des Käses mischen.

8 Den Salat mit dem restlichen Käse und dem abgezupften Fenchelgrün bestreuen.

Blumenkohl in Currysahne

Chinakohl mit Möhren

Zutaten für 2 Personen:

Für die Currysahne:
80 g saure Sahne
2 Eßl. Joghurt
1 Teel. abgeriebene, unbehandelte Zitronenschale 2 Teel.
Zitronensaft
1/2 Teel. Curry
1 Prise Meersalz
1–2 Eßl. frisch gehackte Zitronenmelisse und Zitronenthymian

Für den Salat:
2 Eßl. Sonnenblumenkerne
250 g Blumenkohl
1/2 Kopf Lollo rosso oder roter Kopfsalat
1 Eßl. Zitronensaft
2 Eßl. kaltgepreßtes, unraffiniertes Distelöl

Arbeitszeit:
20 Minuten

1 Die saure Sahne mit dem Joghurt verquirlen. Die Zitronenschale, den Zitronensaft, den Curry, das Salz und die Kräuter unterrühren.

2 Die Sonnenblumenkerne in einer Pfanne unter Umwenden rösten, bis sie etwas Farbe angenommen haben.

3 Den Blumenkohl putzen, waschen und fein hobeln oder grob raspeln. Die Currysahne unterheben.

4 Den Lollo Rosso zerteilen, waschen und trockenschleudern. Die Blätter etwas zerpflücken und eine flache Schale damit auslegen. Den Zitronensaft mit dem Öl verquirlen und den Salat damit beträufeln.

5 Den Blumenkohl in die Mitte häufen und die Sonnenblumenkerne darüber streuen.

Zutaten für 4 Personen:

Für die Sauce:
6 Eßl. Sahne
150 g Joghurt
1 Eßl. Zitronensaft
2 Teel. mittelscharfer Senf
2 Eßl. frisch gehackte Kräuter (Petersilie, Schnittlauch, Dill)

Für den Salat:
300 g Chinakohl
150 g Möhren
100 g grüne Paprikaschote
2 Eßl. Kürbiskerne

Arbeitszeit:
20 Minuten

1 Die Sahne halbsteif schlagen. Den Joghurt, den Zitronensaft, den Senf und die Kräuter unterrühren.

2 Den Chinakohl waschen und putzen. Den Kohl längs halbieren oder vierteln und in schmale Streifen schneiden.

3 Die Möhren unter fließendem Wasser sauber bürsten und fein raspeln. Den Chinakohl und die Möhren mischen und 4 Salatteller damit auslegen.

4 Die Paprikaschote entkernen und in kleine Würfel schneiden.

5 Die Paprikawürfel und die Kürbiskerne über den Salat streuen. Die Sauce gesondert zum Salat servieren.

Variante:
Den Chinakohl durch Sauerkraut ersetzen und den Salat mit saurer Sahne oder kaltgepreßtem, unraffiniertem Kürbiskernöl oder Sonnenblumenöl anmachen.

Rosenkohl mit Topinambur

Weißkrautsalat mit Sellerie

Zutaten für 4 Personen:

Für die Sauce:
100 g saure Sahne
200 g Joghurt
2 Eßl. Apfelessig
2 Teel. mittelscharfer Senf
1 Prise Kräutersalz

Für den Salat:
300 g Rosenkohl
300 g Topinambur
40 g Haselnuß- oder Walnuß-
*   kerne*
1 rote Paprikaschote

Arbeitszeit:
30 Minuten

1 Die saure Sahne, den Joghurt, den Essig, den Senf und das Salz verrühren.

2 Den Rosenkohl waschen und putzen. Die Röschen durch die breite Scheibe der Küchenmaschine hobeln und mit der Sauce vermengen.

3 Die Topinamburknollen unter fließendem Wasser sauber bürsten, nicht schälen. Grob raspeln und sofort unter den Salat mischen, damit sie sich nicht verfärben.

4 Die Nüsse mit einem schweren Messer grob hacken und unterheben.

5 Die Paprikaschote vierteln und entkernen. Dann in Streifen schneiden und den Salat damit garnieren.

Tip:
Topinambur, die schlanken, kartoffelähnlichen Knollen einer Sonnenblumenart, schmecken roh angenehm nußartig, gedünstet etwas nach Arti-schocken. Sie sind reich an Kalium, Magnesium, Eisen und Vitamin B_1. Die Knollen wach-sen in jedem Gartenboden, sind bis - 30° frosthart und werden von November bis März geerntet.

Zutaten für 2 Personen:

Für die Sauce:
1/2 Teel. Korianderkörner
1/2 Teel. Kümmel
2 Eßl. Joghurt
3 Eßl. saure Sahne
2 Eßl. Apfelessig
1 Prise Meersalz
2 Eßl. kaltgepreßtes, unraffi-
*   niertes Distel- oder Kürbis-*
*   kernöl*

Für den Salat:
200 g Weißkraut
100 g Knollensellerie,
*   möglichst mit Grün*
1 rotschaliger säuerlicher Apfel
1 Eßl. frisch gehackte Petersilie

Arbeitszeit:
30 Minuten

1 Den Koriander und den Kümmel im Mörser zersto-ßen oder in der Getreidemühle grob mahlen.

2 Den Joghurt, die saure Sahne, den Essig, das Salz und die Gewürze verquirlen. Das Öl darunterschlagen.

3 Das Weißkraut waschen, putzen und in sehr feine Streifen hobeln; dabei den Kohlstrunk aussparen. Die Sauce untermischen und den Kohl mit dem Kartoffelstampfer kräftig stampfen.

4 Den Sellerie waschen, dünn schälen und fein raspeln. 2–3 Sellerieblättchen fein hacken.

5 Den Apfel vierteln, entker-nen und in dünne Scheiben schneiden. Alles mischen und die Petersilie darüber streuen.

Selleriesalat mit Linsen

Champignonsalat

Zutaten für 2 Personen:

2 Eßl. ungeschälte Linsen
6 Eßl. Sahne
120 g Joghurt
1 Teel. mittelscharfer Senf
1 Eßl. Zitronensaft
1/4 Teel. Kräutersalz
2 Eßl. Cashewkerne oder
*   Cashewbruch*
200 g Knollensellerie
1 kleiner Chicoréekolben
1 kleine rote Paprikaschote
1 Eßl. Schnittlauchröllchen

Keimdauer:
3–4 Tage
Arbeitszeit:
20 Minuten

1 Die Linsen 3–4 Tage keimen lassen.

2 Für die Sauce die Sahne fast steif schlagen. Den Joghurt, den Senf und den Zitronensaft unterrühren. Mit dem Salz abschmecken.

3 Die Cashewkerne grob hacken und in einer Pfanne unter Umwenden hellbraun rösten.

4 Den Sellerie unter fließendem Wasser sauber bürsten, dünn schälen und in Stäbchen hobeln oder fein raspeln. Sofort unter die Sauce mischen.

5 Den Chicorée waschen, putzen und in Streifen schneiden. Die Linsensprossen kalt abspülen. Beides unter den Salat heben.

6 Den Salat auf eine Platte häufen. Die Paprikaschote halbieren, entkernen und in Streifen schneiden. Die Paprikastreifen als Kranz um den Salat legen.

7 Den Salat mit den Cashewkernen und dem Schnittlauch bestreuen.

Zutaten für 4 Personen:

Für die Sauce:
1/4 Teel. Meersalz
1 Eßl. Weißweinessig
2 Eßl. saure Sahne
2 Eßl. süße Sahne
1 Teel. mittelscharfer Senf
1 Eßl. kaltgepreßtes, unraffi-
*   niertes Walnußöl*
frisch gemahlener schwarzer
*   Pfeffer*

Für den Salat:
50 g Mandeln
250 g kleine Champignons
2 Eßl. Sherryessig
250 g Staudensellerie / Bleich-
*   sellerie*
1 Kopf Radicchio

Arbeitszeit:
40 Minuten

1 Das Salz mit dem Essig verrühren, bis das Salz aufgelöst ist. Die saure und die süße Sahne, den Senf und das Öl darunterschlagen. Die Sauce mit Pfeffer abschmecken.

2 Die Mandeln kurz in kochendes Wasser legen, kalt abschrecken und häuten. Die Mandeln längs vierteln und goldgelb rösten.

3 Die Champignons mit Küchenkrepp säubern oder kurz waschen und trockentupfen. Die Stielenden abschneiden. Die Pilze in Scheiben schneiden und in einer Schüssel mit dem Sherryessig mischen.

4 Den Sellerie in einzelne Stangen zerlegen und waschen. Wenn nötig, die harten Fasern auf der Oberseite der Stangen abziehen. Einige Sellerieblättchen zum Garnieren beiseite legen. Den Sellerie in schmale Streifen schneiden.

Frischkostplatte mit zwei Saucen

5 Den Sellerie und die Mandeln - bis auf 1 Eßlöffel - zu den Champignons geben. Die Salatsauce dazugießen und alles locker mischen.

6 Den Radicchio putzen, waschen und trockenschleudern. Die Radicchioblätter etwas zerpflücken und auf 4 Salattellern dekorativ anordnen. Den Champignon-Selleriesalat dazugeben.

7 Den Salat mit den restlichen Mandeln bestreuen und mit den abgezupften Sellerieblättchen garnieren.

Zutaten für 4 Personen:

2 Staudensellerie-Herzen
4 reife Tomaten
200 g Broccoli-Röschen
1 rote und 1 gelbe Paprikaschote oder
200 g Kürbis
1/2 Kopf Frisée-Salat

Für die Kräutercreme:
125 g Crème fraîche
5 Eßl. reine Buttermilch
1 Teel. mittelscharfer Senf
2 Teel. Weißweinessig
1 Teel. Balsamessig
1 Eßl. frisch gehackte Kräuter (Zitronenmelisse, Schnittlauch, Dill, Petersilie, Estragon)
Meersalz
1 Messerspitze Akazienhonig eventuell Johannisbrotkernmehl

Für den Avocadodip:
1 reife Avocado (200 g)
3 Eßl. Zitronensaft

3 Eßl. Crème fraiche
2 Eßl. frisch gehackte Kräuter (viel Kerbel, etwas Zitronenmelisse und Zitronenthymian)
1/2 Teel. abgeriebene unbehandelte Zitronenschale
Meersalz
frisch gemahlener schwarzer Pfeffer

Arbeitszeit:
30 Minuten
Kühlzeit:
20 Minuten

1 Für die Kräutercreme die Crème fraîche mit der Buttermilch, dem Senf, dem Essig und den Kräutern verrühren. Die Sauce mit Salz und dem Honig abschmecken. 2–3 Messerspitzen Johannisbrotkernmehl unterrühren, falls die Sauce cremiger sein soll. Die Sauce 20–30 Minuten kühlen.

2 Für den Avocadodip die Avocado halbieren und den Kern entfernen. Das Fruchtfleisch mit einem Löffel aus der Schale lösen, mit dem Zitronensaft beträufeln und mit dem Stabmixer pürieren. Die Crème fraîche, die Kräuter und die Zitronenschale unterrühren. Die Creme mit Salz und Pfeffer abschmecken und 20–30 Minuten kühlen. Möglichst bald servieren, da sich die Avocado bei längerem Stehen verfärbt. Sämtliche Gemüse waschen und putzen. Dann in mundgerechte Stücke schneiden und auf einer großen Platte dekorativ anrichten.

Tips:
Die Frischkostplatte läßt sich je nach Saisonangebot variieren. Beide Cremes schmecken auch gut zu neuen Kartoffeln oder zu Fladenbroten.

Endiviensalat mit Birnen

Zutaten für 4 Personen:

Für die Vinaigrette:
2 Eßl. Sherryessig oder Him-
    beeressig
1 Eßl. Weißweinessig
4 Eßl. kaltgepreßtes, unraffi-
    niertes Walnußöl
1/2 Teel. mittelscharfer Senf
frisch gemahlener weißer
    Pfeffer

Für den Salat:
1 Kopf Endiviensalat
500 g reife aromatische Birnen
150 g Gorgonzola
50 g Walnußkerne
2 Eßl. frisch gehackte Kräuter
    (Petersilie, Zitronenmelisse,
    Dill, Estragon)

Arbeitszeit:
20 Minuten

1 Die beiden Essigsorten mit
dem Öl und dem Senf
verrühren. Die Vinaigrette mit
Pfeffer abschmecken.

2 Den Endiviensalat putzen.
Die Blätter waschen, trok-
kenschleudern und in Streifen
schneiden. Die Birnen vierteln,
entkernen und würfeln.

3 Den Käse in kleine Würfel
schneiden. Die Nüsse grob
zerbrechen oder hacken (einige
Nüsse zum Garnieren aufheben).
Alle Zutaten mischen.

4 Die Kräuter zum Salat
geben. Die Vinaigrette
unterheben. Die restlichen
Nüsse darüber streuen.

Tip:
Für Himbeeressig frische, reife
Himbeeren in eine weithalsige
Flasche füllen. So viel Weiß-
weinessig dazugießen, daß die
Himbeeren bedeckt sind.
4 Wochen ziehen lassen.

Kürbissalat mit Kräutern

Zutaten für 4 Personen:

Für die Kräutersahne:
200 g saure Sahne
4 Eßl. reine Buttermilch
3 Eßl. Zitronensaft
abgeriebene Schale von 1/4
    unbehandelten Zitrone
2 Teel. mittelscharfer Senf
2 Teel. Birnendicksaft
reichlich frisch gehackte
    Kräuter (Petersilie, Dill,
    Zitronenmelisse, Zitronen-
    thymian)

Für den Salat:
1 mittelgroßer Kopf Endivien-
    salat (200 g)
200 g Fenchel
200 g Kürbis (vorbereitet
    gewogen)
2 Eßl. grüne Kürbiskerne

Arbeitszeit:
25 Minuten

1 Die saure Sahne mit der
Buttermilch, dem Zitronensaft, der Zitronenschale, dem
Senf und dem Birnendicksaft
verquirlen. Die Kräuter unterrühren und die Sauce in den
Kühlschrank stellen.

2 Den Endiviensalat putzen.
Die Blätter ablösen, wa-
schen und trockenschleudern.
Dann in schmale Streifen
schneiden und auf einer runden
Platte kranzförmig anrichten.

3 Den Fenchel waschen und
putzen. Das Fenchelgrün
zum Garnieren aufheben. Die
Fenchelknolle längs halbieren.
Die Hälften mit der Schnittfläche auf das Schneidbrett legen
und in der Mitte so einschneiden, daß sie am Wurzelende
noch zusammenhalten. Dann
quer in Streifen schneiden.

Zuckerhutsalat mit Möhren und Avocado

4 Den Kürbis schälen. Die Kerne und das weiche Innere mit einem Löffel herausnehmen. Den Kürbis in Stäbchen hobeln oder grob raspeln und mit dem Fenchel mischen. Dann in der Mitte der Platte aufhäufen.

5 Den Salat mit den Kürbiskernen bestreuen und mit dem abgezupften Fenchelgrün garnieren. Die Kräutersahne dazu servieren.

Varianten:
Auch die folgenden Salatkombinationen schmecken gut: Endiviensalat oder Zuckerhutsalat mit Zucchini und Fenchel oder Endiviensalat oder Zuckerhutsalat mit Zucchini und Möhren.

Zutaten für 2–3 Personen:

Für die Sauce:
6 Eßl. Sahne
8 Eßl. Joghurt
Saft von 1/2 Orange
1 Eßl. Zitronensaft
2 Teel. Birnendicksaft
1 Teel. mittelscharfer Senf
1 Prise Meersalz

Für den Salat:
1 kleiner Zuckerhutsalat
oder 2–3 Kolben Chicorée
2 schlanke Möhren (140 g)
1 reife Avocado
Saft von 1/2 Zitrone
1 Eßl. frisch gehackter Kerbel

Arbeitszeit:
20 Minuten

1 Die Sahne steif schlagen. Den Joghurt, den Orangen- und den Zitronensaft, den Birnendicksaft und den Senf damit verrühren. Die Sauce mit dem Salz abschmecken.

2 Vom Zuckerhutsalat die harten Außenblätter entfernen. Die Innenblätter ablösen, waschen und trockenschleudern. Die Blätter in schmale Streifen schneiden. Eine flache Schale damit auslegen.

3 Die Möhren unter fließendem Wasser sauber bürsten und – am besten mit dem elektrischen Allesschneider – in sehr dünne Scheibchen hobeln. Die Möhrenscheiben so auf den Zuckerhutsalat legen, daß noch ein grüner Rand sichtbar ist.

4 Die Avocado mit dem Sparschäler schälen. Längs halbieren und den Kern herauslösen. Das Fruchtfleisch in Würfel schneiden, mit dem Zitronensaft mischen und in die Mitte der Salatplatte füllen. Den Kerbel darüber streuen.

5 Die Joghurtsauce zum Salat servieren.

Tip:
Wie Chicorée, Endivien- und Radicchiosalat gehört auch der Zuckerhutsalat zur Familie der Zichoriengewächse. Er bildet im Spätherbst kolbenförmige, fest geschlossene Köpfe und verträgt Frost bis – 8°. Mit seinem würzigen, zartbitteren Geschmack paßt er auch gut zu Äpfeln, Sellerie, Paprikaschoten und Tomaten.

Rote Beten mit Orangen

Rettich mit roten Beten

Zutaten für 4 Personen:

Für die Orangensahne:
80 g Sahne
1 große unbehandelte Orange
2 Teel. Zitronensaft

Für den Salat:
1 große unbehandelte Orange
400 g rote Beten
3–4 Chicoréekolben
4 Eßl. Walnußkerne

Arbeitszeit:
35 Minuten

1 Die Sahne steif schlagen. Die Orange heiß abwaschen und abtrocknen. Die Schale fein abreiben, die Orange auspressen. Den Orangensaft, 2 Teelöffel Orangenschale und den Zitronensaft unter die Sahne rühren.

2 Für den Salat die Orange heiß abwaschen, abtrocknen und die Schale fein abreiben. Die Orangenschale anderweitig verwenden (siehe Tip Seite 110). Die Orange sorgfältig schälen. Dann in Spalten teilen und diese in kleine Stücke schneiden.

3 Die roten Beten unter fließendem Wasser sauber bürsten und putzen. Nur die harten Stellen schälen. Die Rüben fein raspeln und zu den Orangenstücken geben. Die Orangensahne unterheben.

4 Die Chicoréekolben putzen, waschen und die Blätter ablösen.

5 4 große Salatteller mit den Chicoréeblättern sternförmig auslegen. Den Salat in die Mitte geben. Die Walnüsse grob zerbrechen und über den Salat streuen.

Zutaten für 2 Personen:

Für die Sauce:
4 Eßl. Sahne
4 Eßl. Joghurt
1 Eßl. kaltgepreßtes, unraffiniertes Distelöl
1 Eßl. Rotweinessig

Für den Salat:
3 Eßl. Sonnenblumenkerne
150 g Rettiche
100 g rote Beten
2 Eßl. frisch gehackte Kräuter (Petersilie, Schnittlauch, Liebstöckel)

Arbeitszeit:
15 Minuten

1 Die Sahne mit dem Joghurt cremig schlagen. Das Öl und den Essig unterrühren.

2 Die Sonnenblumenkerne in einer Pfanne unter Umwenden goldgelb rösten.

3 Die Rettiche und die roten Beten unter fließendem Wasser sauber abbürsten und putzen. Bei den roten Beten nur die harten Stellen abschälen.

4 Die Rettiche und die roten Beten fein raspeln. Die Kräuter dazugeben. Die Sauce unterheben und den Salat mit den Sonnenblumenkernen bestreuen.

Tip:
Die Rettiche nehmen den roten Beten den etwas erdigen Geschmack, die roten Beten wiederum besänftigen die Schärfe des Rettichs. Nicht nur die weißen Sommerrettiche, auch schwarze Winterrettiche können Sie für diesen Salat verwenden.

Sauerkrautsalat mit Äpfeln

Zutaten für 2 Personen:

Für den Salat:
2 Eßl. ungeschwefelte Rosinen
3 Eßl. lauwarmes Wasser
300 g Sauerkraut
1 großer säuerlicher Apfel
1 kleine rote Paprikaschote
2 Eßl. saure Sahne oder
   kaltgepreßtes, unraffiniertes
   Sonnenblumenöl

Zum Bestreuen:
1 Eßl. grüne Kürbiskerne

Arbeitszeit:
10 Minuten

1 Die Rosinen in dem Wasser quellen lassen, bis die restlichen Zutaten vorbereitet sind.

2 Das Sauerkraut etwas kleinschneiden und in eine Schüssel geben.

3 Den Apfel entkernen, achteln und in dünne Scheibchen schnitzeln. Die Paprikaschote waschen, halbieren, entkernen und in Streifen oder Würfel schneiden. Beides zum Sauerkraut geben.

4 Die Rosinen zum Salat geben und alles mischen. Die saure Sahne oder das Öl unterheben.

5 Den Salat mit den Kürbiskernen bestreuen.

Tips:
Sauerkraut läßt sich auch gut mit Wurzelgemüsen wie Möhren, Sellerie oder roten Beten kombinieren.
Die Rosinen können Sie durch frische oder getrocknete Feigen oder Datteln, getrocknete Aprikosen oder Zwetschgen ersetzen. Bitte kaufen Sie nur ungeschwefeltes Trockenobst, da durch die schweflige Säure Vitamine der B-Gruppe (Biotin und B$_1$) zerstört werden.

Rosenkohl in Nußsauce

Zutaten für 4 Personen:

Für die Haselnußsauce:
100 g saure Sahne
200 g Joghurt
2–3 Eßl. Apfelessig
2 Teel. mittelscharfer Senf
4 Eßl. Haselnüsse
Kräutersalz

Für den Salat:
400 g Rosenkohl
2 mittelgroße schlanke Möhren

Zum Bestreuen:
1–2 Eßl. frisch gehackte Kräuter
   (Schnittlauch und Petersilie
   oder Kerbel)

Arbeitszeit:
25 Minuten

1 Die saure Sahne, den Joghurt, den Essig und den Senf verquirlen. Die Nüsse im Blitzhacker mittelgrob zerkleinern und unterrühren. Die Sauce mit wenig Salz abschmecken.

2 Den Rosenkohl waschen und putzen. Die Röschen durch die breitere Scheibe der Küchenmaschine hobeln oder grob raspeln. Die Sauce unterheben.

3 Die Möhren unter fließendem Wasser sauber bürsten und in feine Scheibchen hobeln. Den Salat damit garnieren und mit den Kräutern bestreuen.

Variante:
Den Rosenkohl können Sie auch durch Wirsing ersetzen.

Carpaccio von Avocados

Zutaten für 4 Personen:

Für die Tomatenvinaigrette:
1 Prise Meersalz
3 Eßl. Balsamessig (Aceto balsamico)
2 Eßl. Apfelessig
3 Eßl. kaltgepreßtes, unraffiniertes Olivenöl
3 Eßl. kaltgepreßtes, unraffiniertes Sonnenblumenöl
3 Schalotten
400 g reife feste Tomaten
2 Eßl. frisch gehackte Petersilie
frisch gemahlener schwarzer Pfeffer

Für den Salat:
3 große, nicht zu reife Avocados (je 250 g)
Saft von 1/2 Zitrone
300 g Fenchel

Arbeitszeit:
35 Minuten

1 Das Salz mit dem Essig verrühren. Die beiden Ölsorten nach und nach darunterschlagen. Die Schalotten fein hacken. Die Tomaten entkernen. Das Fruchtfleisch fein würfeln, mit den Schalotten und der Petersilie unter die Vinaigrette rühren. Mit Pfeffer abschmecken und etwa 20 Minuten kalt stellen.

2 Die Avocados dünn schälen, längs halbieren und die Kerne herauslösen. Das Fruchtfleisch längs in dünne Scheiben schneiden und mit dem Zitronensaft bestreichen.

3 Den Fenchel waschen und putzen, halbieren und in schmale Streifen schneiden. Das Fenchelgrün aufheben.

4 Die Avocadoscheiben und den Fenchel auf 4 großen Tellern fächerförmig anrichten. Die Vinaigrette darüber verteilen und mit dem Fenchelgrün garnieren.

Kohlrabisalat mit Spinat

Zutaten für 4 Personen:

Für die Sauce:
1 Prise Meersalz
3 Eßl. Apfelessig
4 Eßl. saure Sahne
2 Eßl. Joghurt
2 Eßl. kaltgepreßtes, unraffiniertes Distelöl

Für den Salat:
1 Teel. Korianderkörner
3 Eßl. Sonnenblumenkerne
400 g junge Kohlrabi
250 g kleine reife Tomaten
100 g Spinat
1 Frühlingszwiebel
reichlich frisch gehackte Kräuter (Petersilie, Thymian, Liebstöckel, Estragon)

Arbeitszeit:
20 Minuten

1 Das Salz mit dem Essig verrühren, bis es aufgelöst ist. Die saure Sahne, den Joghurt und das Öl damit verquirlen.

2 Den Koriander im Mörser grob zerstoßen. Mit den Sonnenblumenkernen in eine Pfanne geben und unter Umwenden rösten, bis die Sonnenblumenkerne goldgelb sind.

3 Die Kohlrabi dünn schälen und in Stifte hobeln. Einige zarte Kohlrabiblättchen aufbewahren.

4 Die Tomaten halbieren und in Scheiben schneiden. Den Spinat putzen, waschen, trockenschleudern und in Streifen schneiden.

5 Die Frühlingszwiebel in feine Ringe schneiden und mit den Kräutern und den übrigen Salatzutaten mischen.

6 Die Sauce unterheben. Den Salat mit den Sonnenblumenkernen und den Kohlrabiblättchen bestreuen.

Spinat mit Sahnedressing

Zutaten für 4 Personen:

Für die Sauce:
3 Eßl. saure Sahne
2 Eßl. süße Sahne
1 Eßl. kaltgepreßtes, unraffiniertes Walnußöl
2 Eßl. Apfelessig
frisch gemahlener schwarzer Pfeffer

Für den Salat:
200 g Spinat
300 g Salatgurke
300 g säuerliche rotschalige Äpfel
3 Eßl. frisch gehackte Kräuter (Borretsch, Dill, Zitronenmelisse, Schnittlauch)

Zum Garnieren:
Einige Borretschblüten

Arbeitszeit:
20 Minuten

1 Die saure und die süße Sahne mit dem Öl und dem Essig verrühren. Die Sauce mit Pfeffer abschmecken.

2 Den Spinat putzen, waschen und trockenschleudern. Kleine Blätter ganz lassen, größere in Streifen schneiden.

3 Die Gurke waschen, nicht schälen, wenn sie aus biologischem Anbau stammt. Die Gurke waagerecht im Abstand von 1/2 cm so einschneiden, daß das Ende noch zusammenhält. Dann senkrecht in 1/2 cm dicke Scheiben schneiden; sie zerfallen dann in Stäbchen.

4 Die Äpfel vierteln, entkernen und in dünne Scheiben schneiden.

5 Die Kräuter locker mit den Salatzutaten mischen. Die Sauce unterheben und den Salat mit den Borretschblüten garnieren.

Radieschen mit Sprossen

Zutaten für 4 Personen:

3 Eßl. Weizen

Für die Sauce:
150 g saure Sahne
4 Eßl. Joghurt
2 Eßl. Apfelessig
1 Teel. mittelscharfer Senf

Für den Salat:
300 g Kohlrabi
300 g Radieschen
reichlich frisch gehackte Kräuter (Petersilie, Schnittlauch, Zitronenmelisse, Dill, Borretsch, Liebstöckel)
6–8 Eissalatblätter

Zum Garnieren:
Einige Borretschblüten

Keimdauer:
3 Tage
Arbeitszeit:
25 Minuten

1 Den Weizen 3 Tage keimen lassen.

2 Für die Sauce die saure Sahne, den Joghurt, den Essig und den Senf verrühren.

3 Die Kohlrabi waschen, putzen, dünn schälen und in die Sauce raspeln. Die zarten Kohlrabiblättchen fein hacken und dazugeben. Die Radieschen in Scheiben schneiden und untermischen.

4 Die Weizensprossen abspülen, mit den Kräutern zum Salat geben und alles mischen.

5 Die Eissalatblätter waschen, trockenschleudern und eine flache Schüssel damit auslegen.

6 Den Salat hineinfüllen und mit den Borretschblüten garnieren.

Shiitake-Spargelsalat mit Walnuß-Vinaigrette

Zutaten für 4–5 Personen:

2 Eßl. Balsamessig (Aceto
  balsamico)
3 Eßl. Weißweinessig
Meersalz
frisch gemahlener schwarzer
  Pfeffer
6 Eßl. kaltgepreßtes, unraffiniertes Walnußöl
800 g grüner oder weißer
  Spargel
200 g junger Spinat
400 g frische Shiitake-Pilze
60 g Zwiebeln
30 g Butter
1/2 Gemüsebrühwürfel
2–3 Handvoll Kerbel
2 Eßl. Schnittlauchröllchen
2 Eßl. Walnußkerne

Zubereitungszeit:
1 Stunde 25 Minuten,
davon
Arbeitszeit:
1 Stunde

1 Für die Vinaigrette den Balsamessig und 2 Eßlöffel Weißweinessig mit 1/4 Teelöffel Salz und Pfeffer verrühren, dann 4 Eßlöffel Öl darunterschlagen.

2 Den Spargel unter fließendem Wasser sauber bürsten, schälen und die holzigen Enden abschneiden. Die Spargelabfälle knapp mit Wasser bedeckt etwa 20 Minuten kochen, die Brühe durchsieben.

3 Inzwischen die Spargelstangen schräg in 5 cm lange Stücke schneiden. Den Spinat putzen, waschen und trockenschleudern.

4 Die Stiele von den Pilzen abtrennen (sie werden nicht verwendet). Die Pilzhüte mit Küchenkrepp säubern und in Streifen schneiden. Die Zwiebeln in schmale Streifen schneiden.

5 Die Butter in einer großen Pfanne zerlassen. Die Zwiebeln und die Pilze unter Umwenden 1 Minute braten. Die Kochplatte ausschalten und die Pilze zugedeckt 5 Minuten ziehen lassen.

6 Gleichzeitig 1/2 l Spargelbrühe mit dem Brühwürfel aufkochen und den Spargel darin 5–6 Minuten blanchieren.

7 Den Spargel mit dem Schaumlöffel herausheben und zu den Pilzen geben. Die Vinaigrette nochmals durchrühren und untermischen. Den Salat zugedeckt auf der lauwarmen Kochplatte etwa 15 Minuten durchziehen lassen.

8 Inzwischen den Spinat in breite Streifen schneiden, kleine Blättchen ganz lassen. Den Kerbel waschen, trockenschwenken und grob schneiden. Mit dem Schnittlauch zum Spinat geben. Zuerst 1 Eßlöffel

Weißweinessig, dann 2 Eßlöffel Öl untermischen. Den Salat auf 4 großen Tellern ausbreiten.

9 Den Spargelsalat nochmals vorsichtig mischen, abschmecken und auf dem Spinat verteilen. Die Nüsse grob zerbrechen und den Salat damit bestreuen.

Tip:
Der Salat schmeckt sowohl als Vorspeise wie auch als leichtes Abendessen.
Wenn Sie den Salat mit Naturreis (mit Butter und sehr wenig Delikata gewürzt) servieren, ist er eine vollständige Mahlzeit.

Grüner Salat mit Blüten

Zutaten für 4 Personen:

Für die Sauce:
75 g Joghurt
75 g Sahne
1 Teel. mittelscharfer Senf
1 1/2 Eßl. Zitronensaft
1 Prise Meersalz

Für den Salat:
1 großer Kopf Eissalat, Bataviasalat oder Kopfsalat
1–2 Handvoll kleine Kapuziner-
kresse-Blätter
2 Eßl. frisch gehackte Kräuter
(Petersilie, Dill, Schnittlauch,
Borretsch, Zitronenmelisse,
Estragon)
200 g Salatgurke oder junge
Zucchini

Zum Garnieren
eignen sich: rote und gelbe
Kapuzinerkresse-Blüten, blaue
Borretschblüten, lila Schnitt-
lauchblüten, gelbe Löwenzahn-,
Ringelblumen- und Dillblüten,
weiße Schafgarbe-, Holunder-
und Taubnesselblüten sowie
Gänseblümchen.

Arbeitszeit:
20 Minuten

1 Den Joghurt mit der Sahne
cremig schlagen. Den Senf
und den Zitronensaft unterrühren. Die Sauce mit dem Salz abschmecken.

2 Den Salat putzen, waschen
und trockenschleudern. Die
Blätter etwas zerpflücken.

3 Die Blätter der Kapuziner-
kresse grob schneiden,
kleine Blätter auch ganz lassen,
und mit den Kräutern unter den
Salat mischen.

4 Die Gurke oder die Zucchini
waschen und in dünne
Scheiben schneiden.

5 Den Blattsalat und die
Gurken- oder Zucchinischei-
ben abwechselnd in eine flache
Schale schichten.

6 Den Salat mit der Sauce
beträufeln und mit den
Blüten garnieren.

Tips:
Mit eßbaren bunten Blüten aus
dem Garten oder von der Wiese
wird selbst ein einfacher grüner
Salat zu einem zauberhaften
Stilleben – fast zu schade zum
Aufessen!
Gelbe Zucchinischeiben wirken
in einem grünen Salat besonders attraktiv. Sie sehen aus
wie kleine gelbe Sonnen!
Bitte sammeln Sie wildwach-
sende Kräuter und Blüten nur
dort, wo Sie sicher sein können,
daß die Pflanzen möglichst
wenig mit Schadstoffen be-
lastet sind.

Südländischer Rettichsalat

Zutaten für 2 Personen:

100 g saure Sahne
2 1/2 Eßl. Apfelessig
Kräutersalz
frisch gemahlener schwarzer
   Pfeffer
150 g weiße Rettiche
150 g Salatgurke
200 g reife feste Tomaten
reichlich frisch gehackte
   Kräuter (Dill, Borretsch,
   Petersilie, Estragon)
einige Eissalatblätter

Arbeitszeit:
15 Minuten

1 Die Sahne mit dem Essig,
Salz und Pfeffer verrühren.

2 Die Rettiche unter
fließendem Wasser sauber
bürsten. Dann in schmale Stäbchen schneiden oder grob
raspeln.

3 Die Gurke waschen und
ungeschält in Stäbchen
schneiden oder grob raspeln.

4 Die Tomaten waschen,
halbieren und in Scheiben
schneiden, dabei die Stielansätze entfernen.

5 Die Kräuter über die Salatzutaten streuen, die Sauce
vorsichtig unterheben.

6 Die Eissalatblätter waschen
und trockenschleudern.
Eine Platte damit auslegen und
den Rettichsalat darauf häufen.

Variante:
Statt Rettich paßt auch Fenchel
oder Frühwirsing gut in diesen
Salat.

Grünkern-Thymian-Salat

Zutaten für 2 Personen:

100 g Grünkern
160 ccm Wasser
1 Teel. gekörnte Gemüsebrühe
1/4 Teel. Meersalz
3 Eßl. Apfelessig
3 Eßl. kaltgepreßtes, unraffiniertes Sonnenblumenöl
2 Eßl. frischer oder 2 Teel.
   getrockneter Thymian
1 grüne Paprikaschote (100 g)
1 rote Paprikaschote (125 g)
4–5 Stangen Staudensellerie,
   Bleichsellerie
1 kleine rote Zwiebel
100 g Bergkäse
frisch gemahlener schwarzer
   Pfeffer

Quellzeit:
6–10 Stunden
Zubereitungszeit:
1 Stunde 5 Minuten,
davon
Arbeitszeit:
25 Minuten

1 Den Grünkern kalt abspülen
und in dem Wasser 6–10
Stunden einweichen. Dann die
Körner etwa 10 Minuten bei
schwacher Hitze kochen. Die
gekörnte Brühe dazugeben und
den Grünkern 10–20 Minuten
auf der ausgeschalteten Kochplatte ausquellen lassen.

2 Inzwischen das Salz mit
dem Essig verrühren, bis
das Salz aufgelöst ist. Das Öl
darunterschlagen. Die Sauce
und den Thymian unter den
lauwarmen Grünkern mischen.

3 Die Paprikaschoten waschen, entkernen und in
Würfel schneiden.

4 Die Selleriestangen waschen. Wenn nötig, die
harten Fasern auf der Oberseite
abziehen. Den Sellerie in
schmale Streifen schneiden.
Einige Sellerieblättchen zum
Garnieren aufheben, die
übrigen grob hacken.

Weizensalat auf türkische Art

5 Die Zwiebel fein würfeln. Den Käse grob raspeln. Zwei Drittel davon zum Salat geben. Den Salat durchmischen und mit Pfeffer abschmecken.

6 Den Salat mit dem restlichen Käse bestreuen und mit den Sellerieblättchen garnieren. Den Salat mindestens 20 Minuten durchziehen lassen.

Tip:
Getrockneten Thymian unter den noch heißen Grünkern mischen und etwas ziehen lassen; so entfaltet er sein Aroma am besten.

Zutaten für 4–6 Personen:

200 g Weizen
400 ccm Wasser
1 Teel. Kräutersalz
4 Eßl. Zitronensaft
4 Eßl. Weißweinessig
8 Eßl. kaltgepreßtes, unraffiniertes Olivenöl
160 g junge Sommerzwiebeln mit Grün oder Frühlingszwiebeln
6 Eßl. frisch gehackte Petersilie
4 Eßl. frisch gehackte Pfefferminzblättchen
3 mittelgroße Knoblauchzehen
600 g reife Fleischtomaten
200 g Schafkäse
frisch gemahlener schwarzer Pfeffer
1/2 Kopf Eissalat oder Bataviasalat

Zum Garnieren:
einige Pfefferminzblättchen

Quellzeit:
6–10 Stunden

Zubereitungszeit:
1 Stunde 50 Minuten, davon
Arbeitszeit:
25 Minuten

1 Den Weizen kalt abspülen, dann in dem Wasser 6–10 Stunden einweichen.

2 Den Weizen 40–50 Minuten bei schwacher Hitze kochen und anschließend etwa 30 Minuten auf der ausgeschalteten Kochplatte oder in der Spar-Gar-Box nachquellen lassen, bis die Körner aufspringen.

3 Inzwischen das Salz mit dem Zitronensaft und dem Essig verrühren, bis das Salz aufgelöst ist. Das Öl nach und nach darunterschlagen.

4 Die Sommer- oder Frühlingszwiebeln sehr fein würfeln. Das Zwiebelgrün in feine Ringe schneiden.

5 Den Weizen in einem Sieb abtropfen lassen und in eine Schüssel schütten. Die Vinaigrette, die Zwiebeln und die Kräuter dazugeben.

6 Die Knoblauchzehen zum Salat pressen. Alles gut mischen und den Salat zugedeckt etwa 30 Minuten durchziehen lassen.

7 Die Tomaten in kleine Würfel schneiden, dabei die Stielansätze entfernen. Die Hälfte des Schafkäses zerbröckeln. Beides unter den Salat mischen und mit Pfeffer abschmecken.

8 Die Salatblätter waschen, trockenschleudern und etwas zerteilen. Eine flache Schüssel damit auslegen und den Salat hineinfüllen.

9 Den Salat mit dem restlichen Schafkäse und den Pfefferminzblättchen garnieren.

Kartoffelsalat mit Zucchini

Kartoffelsalat mit Sprossen

Zutaten für 2 Personen:

*400 g kleine festkochende
    Kartoffeln*
1 Tasse Wasser
1 Teel. gekörnte Gemüsebrühe
3 Eßl. Apfelessig
1 1/2 Teel. mittelscharfer Senf
*1 kleine, fein gewürfelte
    Zwiebel*
150 g junge Zucchini
1 Bund Radieschen
*2 Eßl. kaltgepreßtes, unraffi-
    niertes Sonnenblumenöl*
*1 Eßl. kaltgepreßtes, unraffi-
    niertes Olivenöl*
*reichlich frisch gehackte
    Kräuter (Petersilie oder
    Kerbel, Borretsch, Thymian,
    Basilikum, Estragon*
*frisch gemahlener schwarzer
    Pfeffer*
Meersalz

Zubereitungszeit:
50 Minuten,
davon
Arbeitszeit:
30 Minuten

1 Die Kartoffeln waschen und in dem Wasser zugedeckt in 20–25 Minuten nicht zu weich kochen.

2 Die gekörnte Brühe mit dem Essig, 3 Eßlöffeln heißem Wasser, dem Senf und der fein gewürfelten Zwiebel verrühren.

3 Die Kartoffeln schälen und in Scheiben schneiden. Mit der Marinade übergießen und zugedeckt etwa 20 Minuten durchziehen lassen.

4 Die Zucchini und die Radieschen waschen und in Scheiben schneiden; zu den Kartoffeln geben. Das Öl und die Kräuter hinzufügen und gut durchmischen. Den Salat mit Pfeffer und Salz abschmecken.

Zutaten für 4 Personen:

4 Eßl. ungeschälte Linsen
4 Eßl. Mungobohnen

Für die Vinaigrette:
3/4 Teel. Kräutersalz
2 Eßl. Apfelessig
*1 Eßl. Balsamessig (Aceto
    balsamico)*
4 Teel. mittelscharfer Senf
*3 Eßl. kaltgepreßtes, unraf-
    niertes Olivenöl*
*frisch gemahlener schwarzer
    Pfeffer*

Für den Salat:
*500 g kleine festkochende
    Kartoffeln*
1 mittelgroße Zwiebel
3–4 Gewürzgurken
3 mittelgroße feste Tomaten
1 große gelbe Paprikaschote
80 g Parmesan
*3 Eßl. frisch gehackte Kräuter
    (Basilikum, Petersilie, Bor-
    retsch, Dill, Estragon)*
*einige Kopfsalat- oder Eissalat-
    blätter*

Keimdauer:
3–4 Tage
Zubereitungszeit:
45 Minuten,
davon
Arbeitszeit:
25 Minuten

1 Die Linsen und die Mungobohnen verlesen. Die Linsen 4 Tage, die Mungobohnen 3 Tage keimen lassen.

2 Das Salz und den Essig verrühren, bis das Salz aufgelöst ist. Den Senf und das Olivenöl damit verquirlen. Die Sauce mit Pfeffer abschmecken.

3 Die Kartoffeln waschen und in wenig Wasser in 20–25 Minuten nicht zu weich kochen. Dann kalt abschrecken, schälen und in Scheiben schneiden. Die Vinaigrette untermischen.

4 Die Zwiebel fein würfeln. Die Gewürzgurken in Scheiben schneiden.

Mangold-Tomaten-Salat

5 Die Tomaten würfeln. Die Paprikaschote vierteln, entkernen und in Streifen schneiden.

6 Die Linsensprossen und die Mungobohnensprossen kalt abspülen und zum Salat geben.

7 Den Käse grob raspeln und mit den Kräutern unter den Salat mischen.

8 Die Salatblätter waschen, trockenschleudern und eine flache Schüssel damit auslegen. Den Salat hineinfüllen.

Variante:
Der Salat schmeckt auch sehr gut, wenn Sie die Sprossen durch gekochte grüne Bohnen oder durch Puffbohnen (dicke Bohnen) ersetzen.

Zutaten für 2 Personen:

200 g Mangoldstiele (von insgesamt etwa 400 g Mangold)
100 g junge grüne Bohnen
je 3 Stengel Bohnenkraut und Thymian
1 Tasse Wasser
Meersalz
3 Eßl. Apfelessig
4 Eßl. kaltgepreßtes, unraffiniertes Olivenöl
1 Knoblauchzehe
1 junge Sommerzwiebel mit Grün
150 g reife feste Tomaten
2 Eßl. frisch gehackte Kräuter (Petersilie, Thymian, Basilikum, Estragon)
frisch gemahlener schwarzer Pfeffer

Zubereitungszeit:
1 Stunde 5 Minuten, davon
Arbeitszeit:
25 Minuten

1 Die Mangoldstiele unter fließendem Wasser sauber bürsten. Breite Stiele längs halbieren, dann in 4 cm lange Stücke schneiden. Die Bohnen waschen und putzen, dann quer halbieren.

2 Das Bohnenkraut und den Thymian zusammenbinden. Das Wasser leicht salzen und mit dem Kräutersträußchen aufkochen. Die Bohnen darin 3–5 Minuten garen. Die Mangoldstiele dazugeben. Alles in 10–15 Minuten bißfest kochen.

3 Inzwischen 1/4 Teelöffel Salz mit dem Essig verrühren, bis das Salz aufgelöst ist. Das Öl nach und nach darunterschlagen. Den Knoblauch schälen und dazupressen. Die Sommerzwiebel in feine Ringe schneiden und unter die Marinade rühren.

4 Das Gemüse mit einem Schaumlöffel aus dem Kochsud heben und mit der Sauce vermischen. Den Salat zugedeckt bei Zimmertemperatur etwa 30 Minuten durchziehen lassen.

5 Die Tomaten in Scheiben schneiden, mit den Kräutern unter den Salat heben und diesen mit Pfeffer abschmecken.

Das schmeckt dazu:
Vollkornbrot oder Fladenbrötchen.

Variante:
1 kleinen Zucchino untermischen und den Salat mit Schafkäse bestreuen.

Suppen und Eintopfgerichte

Suppen zum Sattessen oder als Teil eines vollwertigen Menüs – alle aus frischen, naturbelassenen Zutaten – sind in diesem Kapitel zu finden. Versuchen Sie Broccolisuppe mit Grünkernklößchen, Tomatensuppe mit Salbei oder Linsenrisotto mit Gemüse. Außerdem sehen Sie die Zubereitung einer Gemüsebrühe in Schritt-für-Schritt-Aufnahmen, damit diese wichtige Grundlage vieler Suppen wirklich immer gelingt.

Klare Gemüsesuppe mit Sesamflädle

Zutaten für 4 Personen:

Für die Gemüsebrühe:
200 g Lauch
200 g Möhren
300 g Knollensellerie
2 Petersilienwurzeln
1 Zwiebel
1 Knoblauchzehe
1 1/4 l Wasser
1 Lorbeerblatt
1 Handvoll Küchenkräuter
  (Petersilie, Liebstöckel,
  Thymian, Bohnenkraut)

Für die Sesamflädle:
80 g Weizen, fein gemahlen
8 Eßl. Milch
1/8 l Wasser
2 große Eier
2 Eßl. Hefeflocken
1 Eßl. frisch gehackte Petersilie
1/4 Teel. Meersalz
frisch geriebene Muskatnuß
Butter zum Braten
8 Eßl. ungeschälter Sesam

Für die Gemüsesuppe:
2 schlanke Möhren (140 g)
250 g Blumenkohl
4 Frühlingszwiebeln
10 g Butter
2 Eßl. frisch gehackte Petersilie
Meersalz
frisch geriebene Muskatnuß

Zubereitungszeit:
1 1/2 Stunden,
davon
Arbeitszeit:
1 1/4 Stunden

Tip:
In der Vollwertküche ist eine aromatische Gemüsebrühe die ideale Grundlage für feine Suppen und Saucen. Eine besonders zarte Brühe ergeben Spargelschalen, Erbsenschoten und die grünen Hüllblätter und Narbenfäden von frischen Maiskolben. Auch einwandfreie Abfälle und Reste von rohem Gemüse können Sie für die mineralstoffreiche Brühe verwenden.

1 Für die Gemüsebrühe das Gemüse putzen, waschen und fein zerkleinern. In einen großen Topf geben. Das Wasser zugießen. Das Gemüse zugedeckt bei schwacher Hitze etwa 30 Minuten kochen. Nach etwa 15 Minuten das Lorbeerblatt und die Kräuter dazugeben. Die Brühe durch ein feines Sieb sieben. Das Gemüse wegwerfen.

2 Für die Flädle das Mehl mit der Milch und dem Wasser verrühren. Den Teig etwa 20 Minuten quellen lassen.

3 Für die Gemüsesuppe die Möhren unter fließendem Wasser sauber bürsten und mit dem Buntmesser in dünne Scheiben schneiden. Den Blumenkohl waschen und putzen. Dann in sehr kleine Röschen teilen, die Strunkenden in Scheibchen schneiden. Die Frühlingszwiebeln schräg in 1/2 cm breite Streifen schneiden; etwa zwei Drittel des Grüns mitverwenden.

4 Die Gemüsebrühe aufkochen. Die Möhren und den Blumenkohl dazugeben. Das Gemüse zugedeckt bei schwacher Hitze in etwa 10 Minuten bißfest kochen. Nach etwa 8 Minuten Garzeit die Frühlingszwiebeln hinzufügen.

5 Inzwischen die Eier, die Hefeflocken und die Petersilie unter den Flädleteig rühren. Mit dem Salz und Muskat abschmecken.

6 Etwas Butter in einer mittelgroßen Pfanne zerlassen. 1 Eßlöffel Sesam hineinstreuen. Ein Viertel des Teiges darüber verteilen und mit Sesam bestreuen. Den Pfannkuchen von beiden Seiten goldgelb backen. Mit dem restlichen Teig ebenso verfahren. Alle Pfannkuchen aufeinanderlegen, halbieren und in schmale Streifen schneiden. Die Flädle in der heißen Brühe noch 2–3 Minuten ziehen lassen. Die Butter und die Petersilie einrühren und die Suppe mit Salz und Muskat abschmecken.

Erbsensuppe mit Majoran

Reissuppe mit Mandeln

Zutaten für 2 Personen:

120 g getrocknete, ungeschälte
    grüne Erbsen
675 ccm Wasser
1 Lorbeerblatt
70 g mehligkochende Kartoffeln
50 g Lauch
1 1/4 Gemüsebrühwürfel
1 Scheibe Vollkornbrot
    (etwa 80 g)
5 g Butter
6 Eßl. Sahne
3 Eßl. Milch
2 Liebstöckelblätter,
    2 Eßl. Majoran,
    2 Teel. Thymian,
    frisch gehackt

Quellzeit:
12 Stunden
Zubereitungszeit:
1 Stunde 5 Minuten,
davon
Arbeitszeit:
15 Minuten

1 Die Erbsen kalt abspülen
und in dem Wasser etwa
12 Stunden einweichen. Dann
mit dem Lorbeerblatt in dem
Quellwasser etwa 40 Minuten
kochen, bis die Erbsen knapp
gar sind.

2 Die Kartoffeln sauber bürsten und ungeschält in
kleine Würfel schneiden. Den
Lauch waschen, putzen und in
Streifen schneiden. Beides mit
den Brühwürfeln zu den Erbsen
geben. Noch etwa 15 Minuten
kochen, bis alles weich ist.

3 Inzwischen das Brot
würfeln und in der Butter
knusprig rösten.

4 Das Lorbeerblatt aus der
Suppe nehmen. Alles mit
dem Pürierstab im Topf fein
pürieren.

5 Die Sahne, die Milch und
die Kräuter unterrühren,
die Brotwürfel darüber streuen.

Zutaten für 2 Personen:

60 g Naturreis (Mittelkorn)
3/4 l Wasser
2 Gemüsebrühwürfel
2 Eßl. Mandeln
100 g gelbe Paprikaschote
150 g Staudensellerie/ Bleich-
    sellerie
100 g Zwiebeln
1–2 Knoblauchzehen
20 g Butter
2 Teel. Curry
1 säuerlicher Apfel (100 g)
150 g saure Sahne
abgeriebene Schale von
    1 unbehandelten Zitrone
1 Teel. Zitronensaft
1/4 Teel. Cayennepfeffer

Quellzeit:
6–10 Stunden
Zubereitungszeit:
40 Minuten,
davon
Arbeitszeit:
25 Minuten

1 Den Reis kalt abspülen und
in 1/2 l Wasser 6–10 Stunden einweichen.

2 Den Reis etwa 20 Minuten
bei schwacher Hitze kochen.
1 Brühwürfel zugeben und den
Reis etwa 10 Minuten auf der
ausgeschalteten Kochplatte
ausquellen lassen.

3 Die Mandeln kurz in kochendes Wasser legen, kalt ab
schrecken und häuten. Dann in
Stifte schneiden und in einer
Pfanne unter Umwenden goldgelb rösten.

4 Die Paprikaschote waschen,
entkernen und in 1 cm
große Würfel schneiden.

5 Die Selleriestangen waschen, wenn nötig, die harten Fasern auf der Oberseite
abziehen. Die Sellerieblättchen
beiseite legen. Den Sellerie in
schmale Streifen schneiden.

Broccolisuppe mit Grünkernklößchen

6 Die Zwiebeln fein würfeln, den Knoblauch fein hacken. Beides in der Butter glasig braten. Den Curry darüber stäuben und unter Umrühren kurz mitrösten.

7 Die Paprikawürfel, den Sellerie und den zweiten Brühwürfel zu den Zwiebeln geben. Das restliche Wasser dazugießen. Das Gemüse zugedeckt bei schwacher Hitze in etwa 8 Minuten bißfest garen.

8 Inzwischen den Apfel entkernen, in dünne Scheibchen schneiden und noch etwa 1 Minute mit dem Gemüse kochen.

9 Das Gemüse zum Reis schütten. Die saure Sahne, die Zitronenschale, den Zitronensaft und die grob gehackten Sellerieblättchen in die Suppe rühren. Mit dem Cayennepfeffer abschmecken und mit den Mandeln bestreuen.

Zutaten für 2 Personen:

Für die Grünkernklößchen:
30 g zerlassene Butter
1 Ei
3 Eßl. Gemüsebrühe oder Wasser
20 g frisch geriebener Emmentaler
60 g Grünkern, fein gemahlen
1/2 Teel. Kräutersalz
frisch geriebene Muskatnuß
1/2 l Wasser
1 Gemüsebrühwürfel

Für die Broccolisuppe:
400 g Broccoli
1/2 Gemüsebrühwürfel
1/8 l Milch
2 Eßl. Sahne
2 Eßl. Crème fraîche
frisch gemahlener weißer Pfeffer
frisch geriebene Muskatnuß

Zubereitungszeit:
1 Stunde 10 Minuten, davon
Arbeitszeit:
35 Minuten

1 Die Butter mit dem Ei, der Gemüsebrühe oder dem Wasser, dem Käse und dem Grünkern verrühren. Die Masse mit dem Salz und Muskat abschmecken und etwa 30 Minuten ruhen lassen.

2 Das Wasser mit dem Brühwürfel aufkochen. Mit zwei nassen Teelöffeln von der Grünkernmasse Klößchen abstechen, in die Brühe gleiten und etwa 12 Minuten ziehen lassen.

3 Inzwischen den Broccoli waschen. Die Röschen, die dünnen Stiele und die Blätter abschneiden. 1 kleine Handvoll Röschen beiseite legen. Alles übrige grob zerkleinern.

4 Die dicken Stiele schälen; dabei das untere angetrocknete Ende abschneiden. Die Stiele fein hacken.

5 Die Grünkernklößchen mit einem Schaumlöffel aus dem Kochsud nehmen und zugedeckt warm stellen.

6 Den Broccoli mit dem Brühwürfel in die Brühe geben und in etwa 10 Minuten weich kochen.

7 Das Gemüse mit der Kochbrühe in den Mixer geben und pürieren oder durch ein Sieb passieren und in den Topf zurückschütten.

8 Die Milch, die Sahne und die Crème fraîche in die Suppe rühren. Mit Pfeffer und Muskat abschmecken.

9 Die Broccoliröschen etwas zerpflücken und mit den Klößchen in die Suppe geben. Alles vorsichtig erwärmen, aber nicht mehr kochen.

Tip:
Die Grünkernklößchen schmecken auch gut in einer klaren Gemüsesuppe oder als Beilage zu jungem Gemüse.

Avocadocremesuppe

Hirsesuppe mit Gemüse

Avocadocremesuppe

Zutaten für 4 Personen:

4 Eßl. Sonnenblumenkerne
4 Eßl. Dinkel, fein gemahlen
900 ccm Wasser
2 Gemüsebrühwürfel
200 g Knollensellerie
2 reife Avocados
3 Eßl. Zitronensaft
4 Eßl. Crème fraîche
abgeriebene Schale von
  1 unbehandelten Zitrone
2 Eßl. frisch gehackter Kerbel

Arbeitszeit:
25 Minuten

1 Die Sonnenblumenkerne goldgelb rösten.

2 Das Dinkelmehl in einem Topf unter Umrühren rösten, bis es würzig duftet. Dann abkühlen lassen.

3 Das Wasser mit einem Schneebesen unter den Dinkel rühren und die Brühwürfel dazugeben. Unter Umrühren

1 Minute kochen und auf der ausgeschalteten Kochplatte 5 Minuten ausquellen lassen.

4 Den Sellerie waschen, dünn schälen, im Blitzhacker zerkleinern und in die Suppe rühren.

5 Die Avocados schälen, halbieren und entkernen. Einige Schnitze abschneiden und beiseite legen, das restliche Fruchtfleisch würfeln, den Zitronensaft dazugeben und mit dem Pürierstab pürieren.

6 Das Avocadopüree, die Crème fraîche und die Zitronenschale in die Suppe rühren. Unter Umrühren auf Eßtemperatur erwärmen, aber nicht kochen. Den Kerbel hineinstreuen.

7 Die Suppe in vorgewärmte Teller verteilen, mit den Avocadoschnitzen belegen und mit den Sonnenblumenkernen bestreuen.

Hirsesuppe mit Gemüse

Zutaten für 4 Personen:

1 l Wasser
2 Gemüsebrühwürfel
80 g Hirse
250 g Zuckererbsen/Zuckerschoten
250 g junge Kohlrabi
30 g Butter
3–4 Eßl. frisch gehackte Kräuter
  (Majoran, Kerbel oder Petersilie, wenig Liebstöckel)
frisch geriebene Muskatnuß

Zubereitungszeit:
25 Minuten,
davon
Arbeitszeit:
20 Minuten

1 Das Wasser mit den Brühwürfeln aufkochen. Die Hirse in einem Sieb heiß abspülen und in der Brühe bei schwacher Hitze etwa 10 Minuten kochen.

2 Inzwischen die Zuckererbsen waschen, entfädeln und 1- bis 2mal quer durchschneiden. Die Kohlrabi waschen, putzen und schälen. Die zarten Blättchen beiseite legen. Die Knollen zuerst in dünne Scheiben, dann in Stäbchen schneiden.

3 Die Zuckererbsen und die Kohlrabi zur Hirse geben und in etwa 5 Minuten bißfest kochen.

4 Die Butter und die Kräuter in die Suppe geben und mit Muskat abschmecken. Die Kohlrabiblättchen in Streifen schneiden und die Suppe damit bestreuen.

Varianten:
Die Hirsesuppe ist sehr wandlungsfähig. Gut schmecken auch Grünkohl oder Spinat, Möhren und Sellerie, Schwarzwurzeln oder Broccoli als Einlage.

Kartoffelsuppe mit Kerbel

Maiscremesuppe

Kartoffelsuppe mit Kerbel

Zutaten für 4 Personen:

*300 g vorwiegend festkochende
    oder mehligkochende
    Kartoffeln
200 g Knollensellerie
100 g Zwiebeln
20 g Butter
700 ccm Wasser
2 1/2 Gemüsebrühwürfel
100 ccm Milch
4 Eßl. Crème fraîche
2–3 Handvoll frisch gehackter
    Kerbel
1 Teel. Schabzigerklee
frisch gemahlener weißer
    Pfeffer
frisch geriebene Muskatnuß
Meersalz*

*Arbeitszeit:
30 Minuten*

1 Die Kartoffeln sauber bürsten. Den Sellerie waschen und schälen.

2 Die Zwiebeln grob würfeln und in der Butter glasig braten. Das Wasser und die Brühwürfel dazugeben und aufkochen lassen.

3 Inzwischen die Kartoffeln und den Sellerie raspeln, sofort in die Brühe geben und in etwa 10 Minuten weich kochen.

4 Die Suppe im Kochtopf mit dem Pürierstab fein pürieren.

5 Die Milch, die Crème fraîche und den Kerbel unterrühren. Die Suppe mit dem Schabzigerklee, Pfeffer, Muskat und wenig Salz abschmecken.

6 Bei Verwendung von mehligkochenden Kartoffeln, wenn nötig, noch etwas Milch unterrühren, um die gewünschte Konsistenz zu erreichen.

Maiscremesuppe

Zutaten für 4 Personen:

*2 Maiskolben (möglichst mit
    Hüllblättern)
100 g Frühlingszwiebeln
150 g Möhren
60 g feiner Maisgrieß
2 Gemüsebrühwürfel
20 g Butter
6 Eßl. Sahne
2 Eßl. frisch gehackte Petersilie*

*Zubereitungszeit:
35 Minuten,
davon
Arbeitszeit:
30 Minuten*

1 Die Maiskolben waschen. Die Blätter ablösen. Die Innenblätter und die grünen Narbenfäden mit Wasser bedeckt etwa 10 Minuten bei schwacher Hitze kochen.

2 Inzwischen die Frühlingszwiebeln und die Möhren waschen und putzen. Die Zwiebeln schräg in 1 cm breite Streifen schneiden, etwa zwei Drittel des Grüns mitverwenden. Die Möhren fein raspeln.

3 Die Kochbrühe von den Maisblättern durch ein Sieb abgießen und auf 900 ccm ergänzen. Den Maisgrieß hineinrühren, die Brühwürfel dazugeben und etwa 5 Minuten köcheln lassen.

4 Die Maiskörner mit einem scharfen Messer von den Kolben abstreifen; das ergibt etwa 200 g Körner.

5 Das Gemüse in der Suppe in etwa 8 Minuten bißfest kochen.

6 Die Butter und die Sahne unterrühren und die Suppe mit der Petersilie bestreuen.

Tomatensuppe mit Salbei

Bohnen-Basilikum-Suppe

Zutaten für 4 Personen:

800 g reife Tomaten
100 g Zwiebeln
2–3 Knoblauchzehen
40 g Butter
2 Lorbeerblätter
10 frisch gehackte Salbeiblätter
1 1/2 Eßl. Thymianblättchen
2 Eßl. grober Maisgrieß
4 Eßl. Hefeflocken
4 Eßl. Sahne

Arbeitszeit:
40 Minuten

1 Die Tomaten kurz in kochendes Wasser legen, häuten und mit dem Pürierstab pürieren.

2 Die Zwiebeln fein würfeln. Den Knoblauch sehr fein hacken. Die Hälfte der Butter in einem Kochtopf erhitzen, die Zwiebeln und den Knoblauch darin glasig braten.

3 Das Tomatenpüree, die Lorbeerblätter, den Salbei und den Thymian zu den Zwiebeln geben. Den Maisgrieß unterrühren. Die Suppe zugedeckt etwa 5 Minuten kochen, dann weitere 5 Minuten auf der ausgeschalteten Kochplatte ziehen lassen.

4 Inzwischen die restliche Butter in einer Pfanne zerlassen. Die Hefeflocken unter Umwenden darin rösten, bis sie würzig duften.

5 Die Lorbeerblätter aus der Suppe nehmen. Die Hefeflocken unterrühren.

6 Die Sahne steif schlagen. Die Suppe in 4 vorgewärmte Teller verteilen und auf jede Portion ein Sahnehäubchen setzen.

Tip:
Wenn Sie die Tomaten im Mixer pürieren, brauchen Sie sie nicht zu häuten.

Zutaten für 2 Personen:

200 g grüne Bohnen
450 ccm Gemüsebrühe
1 Gemüsebrühwürfel
40 g Nacktgerste, grob geschrotet
2 Stangen Staudensellerie / Bleichsellerie
2 Teel. Thymianblättchen
2 frisch gehackte Liebstöckelblätter
1 mittelgroße reife Tomate
1 Knoblauchzehe
2 Eßl. Crème fraîche
2 Eßl. grob gehacktes Basilikum
Meersalz
40 g frisch geriebener Parmesan oder Sbrinz

Zum Garnieren:
einige Basilikumblättchen

Zubereitungszeit:
30 Minuten,
davon
Arbeitszeit:
20 Minuten

1 Die Bohnen waschen, putzen und in 2–3 cm lange Stücke schneiden.

2 Die Gemüsebrühe mit dem Brühwürfel aufkochen und den Gerstenschrot mit dem Schneebesen einrühren. Die Bohnen dazugeben und etwa 10 Minuten kochen.

3 Den Sellerie waschen, wenn nötig, die harten Fasern auf der Oberseite der Stangen abziehen. Den Sellerie dann in schmale Streifen schneiden. Die Sellerieblättchen beiseite legen.

4 Den Sellerie mit dem Thymian und dem Liebstöckel in die Suppe geben. Noch etwa 5 Minuten kochen, bis die Bohnen weich sind.

Wirsingsuppe mit Crème fraîche

5 Die Tomate in kleine Würfel schneiden. Die Sellerieblättchen grob hacken. Beides in die Suppe geben. Die Knoblauchzehe dazupressen.

6 Die Crème fraîche und das Basilikum in die Suppe rühren und diese mit wenig Salz abschmecken.

7 Die Suppe in vorgewärmte Teller verteilen und mit dem Käse und den Basilikumblättchen bestreuen.

Varianten:
Wenn Sie kein Basilikum bekommen, können Sie die Suppe auch mit Bohnenkraut würzen.
Statt Bohnen können Sie auch Zucchini- oder Gurkenstreifen nehmen. Die Garzeit verringert sich in diesem Fall auf insgesamt 8–10 Minuten.

Zutaten für 4 Personen:

600 g Wirsing
100 g Zwiebeln
30 g Butter
200 g vorwiegend festkochende Kartoffeln
2 Teel. Delikata
3 Gemüsebrühwürfel
1400 ccm Wasser
125 g Crème fraîche
3 Eßl. frisch gehackte Kräuter (Petersilie, Schnittlauch, Majoran, Liebstöckel)
einige Tropfen Zitronensaft
frisch gemahlener weißer Pfeffer
frisch geriebene Muskatnuß

Zubereitungszeit:
45 Minuten,
davon
Arbeitszeit:
35 Minuten

1 Den Wirsing putzen und waschen. Die Blätter ablösen. 1–2 zarte Blätter zum Garnieren beiseite legen. Die dicken Blattrippen und zarte Teile des Strunks im Blitzhacker zerkleinern. Die Wirsingblätter in grobe Streifen schneiden.

2 Die Zwiebeln grob würfeln und in der Butter glasig braten.

3 Inzwischen die Kartoffeln unter fließendem Wasser sauber bürsten und ungeschält in kleine Würfel schneiden. Die Kartoffeln zu den Zwiebeln geben, das Delikata darüber streuen und unter Umwenden kurz anbraten.

4 Die Brühwürfel dazugeben. Gut die Hälfte des Wassers dazugießen und die Kartoffeln etwa 5 Minuten kochen lassen.

5 Den Wirsing hinzufügen und etwa 12 Minuten kochen, bis das Gemüse weich ist. Dann alles mit dem Pürierstab im Topf fein pürieren.

6 Das restliche Wasser dazugießen und die Suppe heiß werden lassen.

7 Die Crème fraîche und die Kräuter unterrühren und die Suppe mit dem Zitronensaft, Pfeffer und Muskat abschmecken. Den zurückbehaltenen Wirsing in schmale Streifen schneiden und über die Suppe streuen.

Varianten:
Die Suppe schmeckt auch gut mit anderen Gemüsesorten wie Rosenkohl, Grünkohl, Broccoli oder Knollensellerie.

Broccoli-Möhren-Topf

Dinkel mit Lauchgemüse

Broccoli-Möhren-Topf

Zutaten für 2 Personen:

130 g Naturreis (Langkorn)
1/2 l Wasser
250 g Broccoli
180 g Möhren
1 Gemüsebrühwürfel
20 g Butter
4 Eßl. Sahne
1/2 Teel. Delikata
2 Eßl. frisch gehackte Petersilie
frisch geriebene Muskatnuß
Meersalz

Einweichzeit:
6–10 Stunden
Zubereitungszeit:
30 Minuten,
davon
Arbeitszeit:
25 Minuten

1 Den Reis kalt abspülen und in dem Wasser 6–10 Stunden einweichen.

2 Den Reis zugedeckt bei schwacher Hitze etwa 15 Minuten kochen.

3 Inzwischen den Broccoli waschen und putzen. Die Röschen ohne Stiele abtrennen und beiseite stellen. Die Stiele, wenn nötig, dünn schälen und in Scheiben schneiden.

4 Die Möhren sauber bürsten und würfeln.

5 Die Broccolischeibchen, die Möhren und den zerbröckelten Brühwürfel unter den Reis mischen. Noch 8–10 Minuten kochen, bis das Gemüse knapp gar ist.

6 Inzwischen die Broccoliröschen noch etwas zerteilen, zum Reis geben und weitere 2 Minuten kochen.

7 Die Butter, die Sahne, das Delikata und die Petersilie untermischen. Den Reistopf mit Muskat und wenig Salz abschmecken.

Dinkel mit Lauchgemüse

Zutaten für 2 Personen:

150 g Dinkel
300 ccm Wasser
250 g Lauch
100 g Zwiebeln
1 Eßl. kaltgepreßtes, unraffiniertes Sonnenblumenöl
20 g Butter
25 g grob gehackte Haselnüsse
2 Teel. gekörnte Gemüsebrühe
2 Eßl. Crème fraîche
2 Eßl. frisch gehackte Kräuter (Thymian, Majoran und Petersilie)
1 Prise Curry
frisch gemahlener schwarzer Pfeffer
Meersalz
20 g frisch geriebener Allgäuer Emmentaler

Einweichzeit:
6–10 Stunden
Zubereitungszeit:
35 Minuten,
davon
Arbeitszeit:
25 Minuten

1 Den Dinkel kalt abspülen und in dem Wasser 6–10 Stunden einweichen.

2 Den Lauch putzen und waschen, grüne und weiße Teile getrennt in 1 cm breite Streifen schneiden.

3 Die Zwiebeln grob würfeln und in dem Öl und 1 Eßlöffel (15 g) Butter glasig braten. Den Dinkel mit der Quellflüssigkeit und die grünen Lauchstreifen dazugeben. Etwa 5 Minuten zugedeckt dünsten. Die weißen Lauchstreifen untermischen. Weitere 8–10 Minuten garen.

4 Die grobgehackten Nüsse in der restlichen Butter hellbraun rösten.

5 Die gekörnte Brühe, die Crème fraîche und die Kräuter unter den Dinkel rühren. Mit dem Curry, Pfeffer und Salz abschmecken. Die Nüsse und den Käse darüber streuen.

Grünkern-Gemüse-Topf

Zutaten für 2 Personen:

120 g Grünkern
400 ccm Wasser
200 g Möhren
200 g Blumenkohl
200 g junge Erbsen (etwa 500 g
in der Schote)
1 Eßl. gekörnte Gemüsebrühe
50 g Butter
je 1 Handvoll Majoran und
Petersilie, frisch gehackt
frisch geriebene Muskatnuß
eventuell Meersalz

Einweichzeit:
6–10 Stunden
Zubereitungszeit:
40 Minuten,
davon
Arbeitszeit:
35 Minuten

1 Den Grünkern kalt abspülen und 6–10 Stunden in dem Wasser einweichen.

2 Das Gemüse waschen und putzen. Die Möhren in dünne Scheiben schneiden. Den Blumenkohl in kleine Röschen teilen, den Strunk in Scheibchen schneiden. Die Erbsen auspalen.

3 Den Grünkern mit dem Quellwasser aufkochen. Die Möhren und den Blumenkohl darüber füllen, nicht umrühren. Etwa 8 Minuten kochen, dann die Erbsen darauf geben und noch etwa 5 Minuten kochen lassen.

4 Die gekörnte Brühe, die Butter und die Kräuter unterrühren und den Gemüsetopf mit Muskat und eventuell wenig Salz abschmecken.

Varianten:
Den Blumenkohl können Sie auch durch Spargel ersetzen und statt Grünkern beliebiges anderes Getreide nehmen. Die Garzeiten für Getreide finden Sie auf Seite 56/57.

Linsenrisotto mit Gemüse

Zutaten für 2 Personen:

80 g Linsen
80 g Naturreis (Mittelkorn oder
Langkorn)
1 Lorbeerblatt
400 ccm Wasser
1 kleine Zwiebel
30 g Butter
1 Gemüsebrühwürfel
60 g Möhren
60 g Knollensellerie
60 g Lauch (weiße und hell-
grüne Teile)
60 g Chinakohl
1 Teel. Thymianblättchen
2 frisch gehackte Liebstöckel-
blätter
2–3 Teel. frisch gehackter
Majoran
Meersalz
2 Eßl. frisch gehackte Petersilie

Einweichzeit:
6–10 Stunden
Zubereitungszeit:
40 Minuten,
davon
Arbeitszeit:
25 Minuten

1 Die Linsen und den Reis mit dem Lorbeerblatt 6–10 Stunden in dem Wasser einweichen.

2 Die Zwiebel würfeln und in 10 g Butter glasig braten. Die Reismischung und den Brühwürfel dazugeben. Bei schwacher Hitze etwa 10 Minuten garen.

3 Inzwischen das Gemüse putzen und waschen. Die Möhren und den Sellerie in kleine Würfel, den Lauch und den Chinakohl in schmale Streifen schneiden.

4 Das Gemüse, den Thymian und den Liebstöckel unter den Linsen-Reis mischen. 10–15 Minuten garen, bis der Reis ausgequollen ist.

5 Das Lorbeerblatt entfernen. Den Majoran und die restliche Butter unterziehen. Sparsam salzen und mit der Petersilie bestreuen.

Getreide, Gemüse, Kartoffeln und Hülsenfrüchte

Wichtige Lebensmittel der Vollwert-Ernährung zeigen sich in diesem Kapitel ausgesprochen abwechslungsreich: Getreide im Ganzen oder gemahlen, Gemüse und Kartoffeln mit leichten Saucen oder knusprig überbacken aus dem Ofen, Hülsenfrüchte als Sprossen oder in Form von Tofu. Lassen Sie sich überzeugen von Blumenkohlcurry mit pikanter Gerste, Kartoffel-Gemüsepfanne oder Tofubratlingen mit Sellerie-Möhren-Gemüse.

Grundrezept für das Kochen von ganzem Getreide

Gekochte Getreidekörner schmecken gut als Beilage zu Gemüse sowie in Suppen und in Salaten. Sie können auch Gemüse damit füllen und Aufläufe oder Bratlinge daraus zubereiten.
Würzvorschläge für pikante und süße Getreidegerichte finden Sie auf Seite 68.

Tips:
Ganze Getreidekörner (außer Hirse und Buchweizen) sollten Sie vor dem Kochen einweichen; dann können die im Getreide enthaltenen Mineralstoffe vom menschlichen Organismus besser ausgenutzt werden. Einweichen verkürzt auch die Garzeit, schont dadurch Vitamine und spart Energie.

Gekochte Körner (außer Hirse und Buchweizen), im Blitzhakker zerkleinert, ergeben eine lockere, körnige Getreidegrütze.

Gekochte Körner einfrieren:
Auf einer Platte in dünner Lage 20–30 Minuten offen vorfrosten, dann in Gefrierbeutel füllen. Die Körner kleben so nicht zusammen und Sie können die gewünschte Menge ganz einfach entnehmen. Gefrorene Körner im gegarten Gemüse, in der fertigen Suppe oder in etwas kochender Gemüsebrühe etwa 3 Minuten auftauen lassen.

Für Berufstätige:
Abends eingeweichte Körner morgens vorkochen und in der Spar-Gar-Box ausquellen lassen. Bei Ihrer Rückkehr finden Sie ein (fast) fertiges Getreidegericht vor.

1 100 g Weizen in einem Sieb kalt abspülen. Die Körner in einen Topf schütten, 200 ccm kaltes Wasser dazugießen und 6–10 Stunden einweichen. 40–50 Minuten bei schwacher Hitze kochen und auf der ausgeschalteten Kochplatte (oder in der Spar-Gar-Box) etwa 30 Minuten nachquellen lassen.
Ganze Gewürzkörner mitkochen. Getrocknete Gewürze, frische Kräuter, Butter, Sahne oder Honig erst nach dem Ausquellen dazugeben. Salz oder gekörnte Gemüsebrühe erst nach dem Kochen hinzufügen, weil sich sonst die Garzeit verlängert.

2 100 g Roggen – 200 ccm Wasser;
Einweichzeit: 6–10 Stunden;
Garzeit: 50–60 Minuten;
Nachquellzeit: 30 Minuten.
100 g Nacktgerste – 200 ccm Wasser;
Einweichzeit: 6–10 Stunden;
Garzeit: 40–60 Minuten;
Nachquellzeit: 20 Minuten.

3 100 g Naturreis – 200–250 ccm Wasser;
Einweichzeit: 6–10 Stunden;
Garzeit: 20 Minuten;
Nachquellzeit: 10 Minuten.
Ohne Einweichen:
Garzeit: 40–45 Minuten;
Nachquellzeit: 10 Minuten.

4 100 g Grünkern – 160 ccm Wasser; Einweichzeit: 6–10 Stunden; Garzeit: 10 Minuten; Nachquellzeit: 10–20 Minuten.
100 g Dinkel – 200 ccm Wasser; Einweichzeit: 6–10 Stunden; Garzeit: 1 Minute; Nachquellzeit: 10–20 Minuten; Ohne Einweichen: Garzeit: 10 Minuten; Nachquellzeit: 10–20 Minuten.

5 100 g Nackthafer – 150 ccm Wasser;
Einweichzeit: 6–10 Stunden;
Garzeit: 1 Minute;
Nachquellzeit: 10 Minuten;
Ohne Einweichen:
Garzeit: 10–20 Minuten;
Nachquellzeit: 20 Minuten.

6 100 g Hirse – 200-250 ccm Wasser; Garzeit: 5 Minuten; Nachquellzeit: 15–20 Minuten. Wichtig: Hirse vor dem Kochen heiß abspülen, dann in das kochende Wasser schütten, so bleibt sie körniger.

7 100 g Buchweizen – 200 ccm Wasser;
Garzeit: 2–5 Minuten;
Nachquellzeit: 10–15 Minuten. Wichtig: Buchweizen vor dem Kochen heiß abspülen, dann in das kochende Wasser schütten.

8 Mais: Ganze Körner sind zum Kochen und auch zum Mahlen zu hart. Kaufen Sie deshalb groben Maisgrieß (Kukuruz). Er eignet sich für Polenta und und läßt sich auch fein mahlen.
100 g Maisgrieß – 300–350 ccm Flüssigkeit;
Garzeit: 2–5 Minuten;
Nachquellzeit: 10–15 Minuten.

Wirsing mit Nuß-Käsehaube und Kastanien

Zutaten für 4 Personen:

600 g Eßkastanien
60 g Walnußkerne
120 g Sahne
2 Teel. Grünkern, fein gemahlen
2 Eigelb
60 g frisch geriebener Allgäuer Emmentaler
600 g Wirsing (vorbereitet gewogen)
100 g Zwiebeln
50 g Butter
2 1/2 Teel. gekörnte Gemüsebrühe
2 Eßl. Petersilie und 1/2 Eßl. Majoran, frisch gehackt
frisch geriebene Muskatnuß
Meersalz
Butter für die Form

Zubereitungszeit:
1 Stunde 45 Minuten, davon
Arbeitszeit:
1 Stunde und 20 Minuten

1 Die Kastanien waschen, an der Spitze über Kreuz einschneiden und von Wasser bedeckt etwa 15 Minuten kochen. Jeweils nur 3–4 Kastanien mit dem Schaumlöffel herausnehmen. Die äußere Schale und die braune Innenhaut abziehen. (Wenn die Kastanien zu sehr abkühlen, läßt sich die Innenhaut kaum noch entfernen.) Die Kastanien zugedeckt beiseite stellen.

2 Während die Kastanien kochen, die Nüsse mittelgrob hacken. Die Sahne steif schlagen. Die Nüsse, das Grünkernmehl, die Eigelbe und den Käse – bis auf 2 Eßlöffel – unter die Sahne ziehen. Die Eisahne in den Kühlschrank stellen.

3 Den Wirsing waschen und putzen. Den Strunk keilförmig herausschneiden. Den Wirsing in 1 cm breite Streifen schneiden.

4 Die Zwiebeln würfeln und in 20 g Butter glasig braten.

5 Eine flache, feuerfeste Form einfetten. Sie sollte so groß sein, daß auch die Kastanien darin Platz haben. Den Backofen auf 220° vorheizen.

6 Den Wirsing, 2 Teelöffel gekörnte Brühe und 5 Eßlöffel Wasser zu den Zwiebeln geben. Das Gemüse in etwa 10 Minuten bißfest dünsten. 20 g Butter und die Kräuter untermischen. Mit Muskat und Salz abschmecken.

7 Den Wirsing in die Mitte der Form füllen, den Rand für die Kastanien frei lassen. Die Eisahne auf dem Wirsing verteilen. Den restlichen Käse darüber streuen.

8 Die Form in den Backofen (oben) schieben und das Gemüse in 8–10 Minuten goldgelb überbacken.

9 Inzwischen 1/4 l Wasser mit 1/2 Teelöffel Gemüsebrühe aufkochen. Die Kastanien darin etwa 5 Minuten ziehen lassen, bis sie weich sind. Die Brühe abgießen. Die Kastanien in der restlichen Butter schwenken und das Gemüse damit umlegen.

Das schmeckt dazu:
Kartoffelpüree oder Kartoffelwürfel aus der Pfanne.

Tip:
Achten Sie bitte beim Einkauf darauf, daß die dunkelbraune Schale die Kastanien fest umschließt. Gibt sie auf Fingerdruck nach, sind die Kastanien nicht mehr ganz frisch. Sie lassen sich dann schlechter schälen und schmecken mehlig. Kaufen Sie möglichst große Früchte, sie machen beim Schälen weniger Arbeit.

Blumenkohlcurry mit pikanter Gerste

Zutaten für 2 Personen:

Für die pikante Gerste:
100 g Nacktgerste
200 ccm Wasser
1 1/2 Teel. gekörnte Gemüsebrühe
2 Frühlingszwiebeln
2 Teel. Butter
1–2 Eßl. frisch gehackte Petersilie

Für das Blumenkohlcurry:
600 g Blumenkohl
2 Teel. gekörnte Gemüsebrühe
4 Eßl. Sonnenblumenkerne
1/3 Lorbeerblatt
4 Pimentkörner
6 Kardamomsamen aus der
Kapsel
1/2 Teel. Naturreis
2–21/2 Teel. Curry
2 Teel. Kurkuma
1/4 Teel. Cayennepfeffer
50 g Butter
abgeriebene Schale von
1/2 kleinen unbehandelten
Zitrone
2 Teel. Zitronensaft
Meersalz

Einweichzeit:
6–10 Stunden
Zubereitungszeit:
1 Stunde 10 Minuten,
davon
Arbeitszeit:
40 Minuten

1 Die Gerste kalt abspülen, dann in dem Wasser 6–10 Stunden einweichen.

2 Die Gerste in der Quellflüssigkeit etwa 40 Minuten bei schwacher Hitze kochen. Die gekörnte Brühe unterrühren und das Getreide auf der abgeschalteten Kochstelle 20–30 Minuten nachquellen lassen, bis die Körner aufspringen.

3 Inzwischen die Frühlingszwiebeln waschen, putzen und schräg in 1 cm breite Streifen schneiden. Die Zwiebeln in der Butter etwa 3 Minuten dünsten.

4 Die Gerste mit 2 Eßlöffeln der Kochflüssigkeit unter die Zwiebeln mischen und mit der Petersilie bestreuen.

5 Während die Gerste gart, den Blumenkohl putzen, die kleinen zarten Blättchen beiseite legen. Den Blumenkohl in Röschen teilen und waschen. Die Strunkenden der Röschen in 1 cm breite Scheiben schneiden.

6 1/4 l Wasser mit der gekörnten Brühe aufkochen und den Blumenkohl in etwa 8 Minuten zugedeckt darin bißfest garen.

7 Inzwischen die Sonnenblumenkerne leicht rösten.

8 Das zerkrümelte Lorbeerblatt, die Pimentkörner, den Kardamom und den Reis zusammen in der Getreidemühle fein mahlen, die übrigen Gewürze damit mischen.

9 Die Butter in einem breiten Topf oder in der Servierpfanne zerlassen und die Gewürzmischung darin kurz rösten. 8 Eßlöffel Kochbrühe, die Zitronenschale und den Zitronensaft hineinrühren und leicht salzen.

10 Den Blumenkohl in der gewürzten Butter schwenken, bis die Röschen davon überzogen sind. Die Sonnenblumenkerne darüber streuen. Die zurückbehaltenen Blumenkohlblättchen in Streifen schneiden und das Gemüse damit garnieren.

11 Die Gerste zum Blumenkohlcurry servieren.

Tip:
Das Blumenkohlcurry schmeckt auch gut zu Reis oder zu Kartoffelpüree.

Vollkornnudeln – selbstgemacht

Zutaten für etwa 600 g Nudeln:

5 Eßl. lauwarmes Wasser
1 Eßl. kaltgepreßtes, unraffi-
 niertes Sonnenblumenöl
3 große Eier
1 Teel. Meersalz
1/4 Teel. Delikata
200 g Durum-Hartweizen,
 mehlfein gemahlen
200 g Weizen, mehlfein
 gemahlen
Zum Bestreichen: kaltge-
 preßtes, unraffiniertes
 Sonnenblumenöl

Arbeitszeit:
50 Minuten
Ruhezeit:
1 Stunde
Trockenzeit:
30–40 Minuten

Tips:
Selbstgemachte Nudeln sind herzhafter und kerniger, wenn Sie halb Durum-Hartweizen und halb Weichweizen dazu nehmen. Zur Abwechslung können Sie auch Weizen mit Grünkern, Roggen, Buchweizen oder Hirse mischen.

Für Nudeln muß das Getreide mehlfein gemahlen werden, sonst werden sie zu schwer und fest. Mahlt Ihre Mühle nicht fein genug, mahlen sie 10 % Getreide mehr und sieben die gröberen Kleiebestandteile aus. Wenn Sie einen elektrischen Dörrapparat besitzen, können Sie die Nudeln zum Trocknen auf den Sieben ausbreiten und an der Luft trocknen lassen. Die Siebe bitte nicht übereinander stapeln, sondern nebeneinander stellen.

Der Teig eignet sich auch für die Zubereitung von Ravioli, Lasagne und Cannelloni.

1 Das Wasser, das Öl, die Eier, das Salz und das Delikata in einer Rührschüssel mit den Knethaken leicht verrühren.

2 Das Hartweizenmehl und das Weizenmehl bis auf 2 Eßlöffel dazuschütten. Etwa 5 Minuten kneten, bis sich der Teig von der Schüssel löst.

3 Den Teig auf der Arbeitsfläche von Hand kräftig durcharbeiten. Noch so viel Mehl unterarbeiten, bis er glatt und glänzend ist. Den Teig zur Kugel rollen und dünn mit Öl bestreichen, damit er nicht austrocknet. Unter einem angewärmten Topf mindestens 1 Stunde ruhen lassen.
Aus dem Teig 4 Kugeln formen und nacheinander messerrücken-dick ausrollen. Die Teigplatten auf Küchentüchern 30–40 Minuten antrocknen lassen. Sie dürfen dabei aber nicht brüchig werden. Zwischendurch einmal wenden.

4 Die Teigplatten aufeinanderlegen und – je nach gewünschter Nudellänge – in 5–8 cm breite Streifen schneiden. Die Streifen aufeinanderschichten und mit einem scharfen Messer zu beliebig breiten Nudeln schneiden.

5 Oder aus den einzelnen Teigplatten Nudelfleckerl von 4 x 4 cm Größe ausrädeln. Oder – als Suppeneinlage – Ornamente mit Mini-Ausstechförmchen ausstechen.

6 Noch einfacher geht es mit einer handbetriebenen Nudelmaschine: Den Teig 1/2 cm dick ausrollen, in Streifen von 3/4 der Walzenbreite schneiden und durch die Maschine drehen.

7 Die Nudeln auf Küchentüchern ausbreiten, etwa 30 Minuten trocknen lassen und weiterverwenden. Oder die Nudeln an der Luft völlig trocknen lassen. In dicht schließenden Gläsern halten sie sich etwa 4 Wochen.

8 Nudeln richtig kochen: 1 1/2 l Wasser mit 1 Gemüsebrühwürfel sprudelnd aufkochen, 200 g Nudeln (für 2 Portionen) darin bißfest garen. Garzeit bei frischen Nudeln 3–5 Minuten, bei getrockneten 10–12 Minuten.

Nudeln mit Sommergemüse

Zutaten für 2 Personen:

1 mittelgroße Zwiebel
1–2 Knoblauchzehen
125 g grüne Bohnen
1 grüne Paprikaschote
1 grüne Chilischote
200 g Gemüsegurken
300 g reife Tomaten
3 Eßl. kaltgepreßtes, unraffi-
*   niertes Olivenöl*
1 1/2 Gemüsebrühwürfel
180 g Vollkornnudeln
6 Rosmarinnadeln
4 Salbeiblättchen
2 Teel. Thymianblättchen
1 Teel. getrockneter Oregano
1 Handvoll Basilikum
30 g Butter
Meersalz
3 Eßl. frisch geraspelter
*   Parmesan*

Zubereitungszeit:
50 Minuten,
davon
Arbeitszeit:
35 Minuten

1 Die Zwiebel vierteln und in schmale Streifen schneiden, den Knoblauch fein hacken. Die Bohnen waschen, putzen und in fingerlange Stücke schneiden. Die Paprikaschote vierteln, entkernen und quer in Streifen schneiden. Die Chilischote längs aufschneiden, die Innenwände und die Kerne entfernen, die Schote unter fließendem Wasser abspülen und fein würfeln.

2 Die Gurken eventuell schälen, längs halbieren – bei älteren Gurken die Kerne mit einem Löffel herausnehmen. Die Gurkenhälften quer in 1 cm breite Streifen schneiden.

3 Die Tomaten halbieren, das Innere herauslösen und grob zerkleinern. Die Tomatenhälften beiseite stellen.

4 2 Eßlöffel Öl und 1 Eßlöffel Wasser in einer großen Servierpfanne erhitzen. Die Zwiebel und den Knoblauch darin glasig braten.

5 Die Bohnen, die Paprikastreifen, die Chilischote, das Tomateninnere, 1/2 Brühwürfel und 1 Eßlöffel Öl unter die Zwiebeln mischen. Das Gemüse zugedeckt etwa 12 Minuten garen.

6 Inzwischen für die Nudeln gut 1 l Wasser mit 1 Brühwürfel aufkochen Die Nudeln darin bei mittlerer bis starker Hitze in 10–12 Minuten bißfest garen.

7 Den Rosmarin und den Salbei grob hacken und mit dem Thymian, dem Oregano und den Gurkenstreifen unter das Gemüse mischen. In etwa 5 Minuten bißfest garen.

8 Die Tomatenhälften in kleine Würfel schneiden. Das Basilikum grob hacken. Beides mit der Butter unter das Gemüse mischen und mit Salz abschmecken.

9 Die Nudeln in einem Sieb kurz abtropfen lassen und unter das Gemüse heben. Den Käse darüber streuen und das Gericht in der Pfanne servieren.

Tips:
Eine Zugabe von Öl ins Kochwasser ist bei Vollkornnudeln nicht notwendig. Da sie weniger Stärke und mehr Kleie enthalten als Nudeln aus Auszugsmehl, kleben sie beim Kochen nicht zusammen.
Da ein Teil der Mineralstoffe in das Kochwasser übergeht, sollten Sie die Nudelbrühe für eine Suppe oder eine Sauce verwenden. Im Kühlschrank hält sie sich etwa 3 Tage.

Vollkornnudeln mit Pilzen

Zutaten für 2 Personen:

200 g Egerlinge oder junge Waldpilze
40 g Zwiebeln
1 kleine grüne Paprikaschote
2 Eßl. kaltgepreßtes, unraffiniertes Sonnenblumenöl
200 g Vollkornnudeln
1 Gemüsebrühwürfel
2 mittelgroße reife Tomaten
1 Teel. Steinpilzbrühe
30 g Butter
1 Knoblauchzehe
2 Eßl. frisch gehackte Kräuter (Majoran, Thymian, Basilikum, Petersilie)
Kräutersalz
frisch gemahlener schwarzer Pfeffer

Zubereitungszeit:
30 Minuten,
davon
Arbeitszeit:
20 Minuten

1 Die Pilze putzen, waschen und in Scheiben schneiden. Die Zwiebeln würfeln, die Paprikaschote entkernen und in 1 1/2 cm große Würfel schneiden.

2 Die Zwiebel- und die Paprikawürfel in dem Öl und 1 Eßlöffel Wasser andünsten. Die Pilze zugeben und in der offenen Pfanne braten, bis die Flüssigkeit fast verdunstet ist.

3 Die Nudeln in 1 1/2 l Wasser mit dem Brühwürfel bißfest kochen.

4 Die Tomaten würfeln und 1–2 Minuten mit den Pilzen dünsten.

5 Die Steinpilzbrühe, die Butter, den durchgepreßten Knoblauch und die Kräuter unter das Gemüse mischen. Die abgetropften Nudeln unterheben und mit Salz und Pfeffer abschmecken.

Spaghetti mit Lauchsahne

Zutaten für 4 Personen:

500 g Lauch
2 Teel. gekörnte Gemüsebrühe
120 g Gorgonzola
1 Knoblauchzehe
100 g Crème fraîche
1 Teel. Schabzigerklee
2 Eßl. frisch gehackter Kerbel oder Petersilie
Meersalz
frisch gemahlener schwarzer Pfeffer
300 g Vollkornspaghetti oder selbstgemachte Nudeln
3 Eßl. grob gehackte Haselnüsse oder Walnüsse

Arbeitszeit:
30 Minuten

1 Den Lauch putzen, längs aufschneiden und gründlich waschen. Die weißen und die hellgrünen Teile in schmale Streifen schneiden.

2 100 ccm Wasser mit der gekörnten Brühe aufkochen und den Lauch darin in etwa 5 Minuten bißfest garen. Die Lauchstreifen an den Topfrand schieben. Den zerkleinerten Käse in die Mitte geben und mit einer Gabel fein zerdrücken.

3 Den feingehackten Knoblauch, die Crème fraîche, den Schabzigerklee und den Kerbel unter das Lauchgemüse rühren und mit Salz und Pfeffer abschmecken.

4 Parallel dazu die Spaghetti nach Packungsvorschrift bißfest kochen, in einem Sieb abtropfen lassen und in eine vorgewärmte Schüssel füllen.

5 Das Lauchgemüse unter die heißen Spaghetti mischen. Das Gericht mit den Nüssen bestreuen.

Haselnußspätzle mit Wirsing

Zutaten für 4 Personen:

Für die Spätzle:
160 g Dinkel und 40 g Grünkern, fein gemahlen
3/4 Teel. Meersalz
2 große Eier
etwa 150 ccm lauwarmes
   Wasser
60 g Haselnüsse
2 Teel. Butter

Zum Kochen:
1 1/2 l Wasser
2 Teel. Meersalz

Für das Wirsinggemüse:
150 g Zwiebeln
1 Eßl. kaltgepreßtes, unraffiniertes Sonnenblumenöl
3 Eßl. Butter
500 g Wirsing (vorbereitet
   gewogen)
1 1/2 Teel. Kräutersalz
8 kleine Salbeiblättchen,
   2 Liebstöckelblätter und
   1 kleines Bund Petersilie,
   frisch gehackt
frisch geriebene Muskatnuß

Zubereitungszeit:
1 1/4 Stunden,
davon
Arbeitszeit:
50 Minuten

Tips:
Für Spätzle muß das Getreide
wirklich mehlfein gemahlen
werden. Ist das nicht möglich,
mahlen Sie etwa 10 % Getreide mehr und sieben die
gröbere Kleie ab.
Geübte Köche und Köchinnen
können den Teig mit einem
großen Messer vom nassen
Brett in schmalen Streifen ins
kochende Wasser schaben.
Noch einfacher geht es mit
einem Spätzlesieb, einem Spätzlehobel oder einer Spätzlepres-
se, die Sie auch zum Durch-
pressen von gekochten
Kartoffeln verwenden können.
Spätzle sind nicht nur
eine feine Beilage zu
vielerlei Gemüsen,
sie schmecken auch
als Einlage in feinen
Suppen.

1 Das Mehl, das Salz und die
Eier in eine Backschüssel
geben. So viel Wasser unterrühren, daß ein geschmeidiger,
nicht zu weicher Teig entsteht.
Er sollte langsam vom Rührbe-
sen abtropfen. Den Teig kräftig
durchrühren und etwa 30 Minuten ruhen lassen.

2 Die Nüsse grob hacken und
– am besten in einer großen
Servierpfanne – in der Butter
goldgelb rösten.

3 Die Zwiebeln mittelgrob
würfeln und in dem Öl und
1 Eßlöffel Butter unter Umwenden glasig braten.

4 Den Wirsing putzen, waschen und vierteln. Dann in
1 cm breite Streifen schneiden,
dabei den Strunk aussparen.
Zarte Strunkteile im Blitzhacker
zerkleinern.

5 Das Gemüse mit 1 Tasse
Wasser und dem Salz zu
den Zwiebeln geben. Zuge-
deckt bei mittlerer Hitze in
10–12 Minuten bißfest
dünsten.

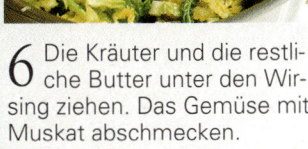

6 Die Kräuter und die restliche Butter unter den Wirsing ziehen. Das Gemüse mit Muskat abschmecken.

7 Während das Gemüse gart, das Salzwasser sprudelnd aufkochen. Den Teig durchrühren. Den Spätzlehobel kalt abspülen, zu drei Vierteln mit Teig füllen, Spätzle in das Wasser hobeln, umrühren und aufkochen lassen. (Den Teig nur portionsweise verarbeiten, sonst kleben die Spätzle zusammen). Die Spätzle mit einem Schaumlöffel herausheben, sobald sie oben schwimmen, abtropfen lassen und unter die Nüsse mischen.

8 Den Wirsing unter die Spätzle heben und das Gericht in der Pfanne servieren.

Schwarzwurzelgemüse

Zutaten für 2 Personen:

20 g Haselnüsse
500 g Schwarzwurzeln
Saft von 1/2 Zitrone
3/4 Gemüsebrühwürfel
30 g Grünkern, fein gemahlen
20 g kalte Butterflöckchen
70 g saure Sahne
2 Eßl. frisch gehackte Petersilie
Meersalz
frisch gemahlener weißer
  Pfeffer

Zubereitungszeit:
1 Stunde,
 davon
Arbeitszeit:
35 Minuten

1 Die Nüsse blättrig schneiden und unter Umwenden hellbraun rösten.

2 Die schwarze Haut der Schwarzwurzeln unter fließendem Wasser abschaben Jede Stange sofort mit Zitronensaft einpinseln, damit sie sich nicht verfärbt.

3 Inzwischen 1/4 l Wasser mit 1/2 Brühwürfel und 1 Eßlöffel Zitronensaft aufkochen. Das Gemüse darin bei mittlerer Hitze in 15–20 Minuten bißfest garen.

4 Die Kochflüssigkeit abgießen und mit Wasser auf 1/4 l ergänzen. Die Schwarzwurzeln im Backofen bei 50° warm halten.

5 1/4 Brühwürfel in die Brühe geben und das Grünkernmehl einrühren. Unter Umrühren aufkochen und in 2–3 Minuten ausquellen lassen.

6 Die Butter nach und nach in die Sauce schlagen. Die saure Sahne und die Petersilie zugeben, mit Zitronensaft, Salz und Pfeffer abschmecken. Die Sauce über die Schwarzwurzeln gießen und diese mit den Nüssen bestreuen.

Kartoffelsavarin

Zutaten für 4 Personen.

Für den Kartoffelsavarin:
750 g vorwiegend festkochende Kartoffeln
50 g frisch geriebener alter
  Gouda
3 Eßl. frisch gehackte Kräuter
  (reichlich Schnittlauch sowie
  Petersilie und Liebstöckel)
2 große Eier
2 Eßl. saure Sahne
1 Knoblauchzehe
1 1/2 Teel. Kräutersalz
3/4 Teel. Delikata
3/4 Teel. Schabzigerklee
Butter für die Form

Für das Gemüse:
500 g Rosenkohl
300 g Möhren
100 g Zwiebeln
2 Eßl. Butter
2 Teel. gekörnte Gemüsebrühe
5 Eßl. Crème fraîche
1 Eßl. frisch gehackte Petersilie
frisch geriebene Muskatnuß
Kräutersalz

Zubereitungszeit:
1 1/2 Stunden,
davon
Arbeitszeit:
50 Minuten

1 Die Kartoffeln waschen, in wenig Wasser in etwa 20 Minuten halbweich kochen, kalt abschrecken, schälen und grob raspeln.

2 Den Backofen auf 200° vorheizen. Eine Savarinform von 22 cm Ø einfetten und mit etwas Käse ausstreuen.

3 Den restlichen Käse und die Kräuter zu den Kartoffeln geben. Die Eier mit der sauren Sahne, dem durchgepreßten Knoblauch, dem Salz und den Gewürzen verquirlen und unter die Kartoffeln mischen.

4 Die Masse in die Form füllen und etwas zusammendrücken. Den Savarin im Backofen (Mitte) etwa 35 Minuten backen.

Rosenkohlpfanne mit Roggenkruste

5 Den Rosenkohl waschen und putzen. Bei großen Röschen den Strunk einschneiden. Die Möhren sauber bürsten und in dünne Scheiben schneiden. Die Zwiebeln grob würfeln.

6 Die Butter und 8 Eßlöffel Wasser mit der gekörnten Brühe erhitzen. Die Möhren und die Zwiebeln darin etwa 3 Minuten zugedeckt garen. Den Rosenkohl zugeben und in 10–12 Minuten bißfest dünsten. Die Crème fraîche und die Petersilie unterziehen und das Gemüse mit Muskat und Salz abschmecken.

7 Den Savarin 5 Minuten abkühlen lassen. Die Ränder mit einem Messer von der Form lösen, den Savarin auf eine Platte stürzen und mit dem Gemüse füllen.

Zutaten für 2 Personen:

100 g Roggen, mit 1/2 Teel.
Kümmel grob geschrotet
1/8 l Wasser
4 1/2 Teel. gekörnte Gemüse-
brühe
1 großes Ei
60 g Crème fraîche
60 g frisch geriebener Greyer-
zer Käse
1/2 Eßl. Thymianblättchen
Meersalz
400 g Rosenkohl
1 mittelgroße Zwiebel
25 g Butter
1 Eßl. frisch gehackte Petersilie
frisch geriebene Muskatnuß
50 g Walnußkerne oder
Haselnüsse

Zubereitungszeit:
1 Stunde 10 Minuten,
davon
Arbeitszeit:
1 Stunde

1 Den Roggen und den Kümmel unter Umrühren bei schwacher Hitze rösten, bis er aromatisch duftet, dann auskühlen lassen.

2 Das Wasser und 3 Teelöffel gekörnte Brühe mit dem Roggen verrühren. Den Roggen unter Umrühren aufkochen und auf der ausgeschalteten Kochplatte 5–10 Minuten ausquellen lassen, bis die Flüssigkeit aufgesogen ist.

3 Das Ei, die Crème fraîche, den Käse – bis auf 2 Eßlöffel – und den Thymian unter den Roggen rühren und mit Salz abschmecken.

4 Den Rosenkohl waschen und putzen. Die Strünke über Kreuz einschneiden, große Röschen halbieren.

5 Die Zwiebel würfeln. Die Hälfte der Butter und 1 Eßlöffel Wasser in einer Servierpfanne erhitzen und die Zwiebel darin glasig braten. Den Backofen auf 200° vorheizen.

6 Den Rosenkohl mit 5 Eßlöffeln Wasser und 1 1/2 Teelöffeln gekörnter Brühe zu der Zwiebel geben. Zugedeckt etwa 8 Minuten dünsten, bis die Röschen knapp gar sind. Die restliche Butter und die Petersilie unter das Gemüse ziehen, mit Salz und Muskat herzhaft abschmecken.

7 Den Roggen über dem Rosenkohl verteilen. Die Nüsse grob hacken, mit dem restlichen Käse mischen und über den Roggen streuen. Die Pfanne (oben) in den Backofen schieben und die Roggenmasse etwa 15 Minuten backen, bis sie fest geworden ist.

Getreidegrütze als pikante Beilage zu Gemüse

Aus grob geschrotetem Getreide (Weizen, Dinkel, Grünkern, Roggen, Nacktgerste und Naturreis) lassen sich schnell und einfach abwechslungsreiche Beilagen zubereiten, die zu vielen Gemüsen passen. Zusammen mit einer großen Frischkostplatte ist eine pikant gewürzte Grütze auch eine sättigende Mahlzeit.

Tips:
Grob geschrotetes Getreide möglichst 1/2–6 Stunden in der Kochflüssigkeit einweichen. Die Mineralstoffe werden dann besser ausgenutzt und die Garzeit ist kürzer, was wiederum die Vitamine schont und Energie spart.

Getreide hübsch anrichten:
Getreidegrütze oder ganze Körner mit einem nassen Eisportionierer (oder 2 Eßlöffeln) zu Kugeln formen und auf eine vorgewärmte Platte setzen. Oder die Grütze in kalt ausgespülte Förmchen oder Tassen drücken und stürzen. Mit Kräutern oder geraspeltem Käse bestreuen.

Gewürze und Kräuter für pikante Getreidegerichte:
Anis, Fenchel, Koriander, Kümmel, Muskatnuß, Bohnenkraut, Dill, Fenchelkraut, Knoblauch, Liebstöckel, Majoran, Oregano, Petersilie, Rosmarin, Salbei, Schnittlauch, Selleriekraut, Ysop, Zitronenthymian, Zwiebel; Curry, Delikata, Paprika, Pfeffer.

Gewürze für süße Getreidegerichte:
Ahornsirup, Apfeldicksaft, Birnendicksaft, Honig, Ingwer, Nelken, Orangensaft und -schale, Vanille, Zimt, Zitronensaft und -schale; Banane, Trockenfrüchte.

1 100 g Getreide so grob schroten, daß die Körner gerade gebrochen sind. Bei Steinmühlen 10 % mehr mahlen und das feine Mehl aussieben. Den Schrot mit 200 ccm Wasser oder ungesalzener Gemüsebrühe 10–20 Minuten bei schwächster Hitze zugedeckt kochen. Gelegentlich umrühren, weil geschrotetes Getreide leicht anhängt. Eventuell noch 1–2 Eßlöffel Wasser zugießen.

2 Anschließend 1 1/2 Teelöffel gekörnte Gemüsebrühe unterrühren und das Getreide auf der ausgeschalteten Kochplatte oder in der Spar-Gar-Box 10–20 Minuten ausquellen lassen.

3 Die Grütze offen ausdampfen lassen. 1 Eßlöffel Butter in Flöckchen darüber verteilen, Kräuter und Gewürze dazugeben und alles mit einer Gabel locker unterheben.

4 Getreidegrütze mit Nüssen: 20–30 g grobgehackte Nüsse oder Mandeln in 1 Teelöffel Butter rösten und mit 2 Teelöffeln Butter unter die Grütze ziehen. Mit Petersilie, Schnittlauch, Delikata und Meersalz würzen.

5 Getreidecurry mit Zwiebeln:
80 g Zwiebelwürfel in
15 g Butter goldgelb braten.
20 g gehackte Nüsse und
1 feingehackte Knoblauchzehe
mitrösten; mit je 1/4 Teelöffel
Delikata und Curry unter die
Grütze mischen.

6 Grütze mit Frühlingszwiebeln: 125 g Frühlingszwiebeln in Streifen schneiden,
in Butter andünsten, mit 1 Teelöffel Thymian unter die Grütze
ziehen. Mit Meersalz und Pfeffer würzen. 20 g geröstete
Mandelstifte darüber streuen.

7 Grütze aus ganzen Getreidekörnern wird besonders schön
locker und körnig. Dazu die ganzen Körner nach dem Grundrezept auf Seite 56/57 kochen und in einem Sieb abtropfen lassen.
Die Körner im Blitzhacker zerkleinern. Etwas Butter in einem Topf
zerlassen, die Grütze mit einer Gabel darin wenden. Mit frischen
Kräutern, Gewürzen und Salz abschmecken.

Spargel mit Avocado

Puffbohnen mit Möhren

Zutaten für 4 Personen:

*1 kg weißer oder grüner
  Spargel*
1 Eßl. Butter
Meersalz
7 Eßl. Zitronensaft
*1 Eßl. Balsamessig (Aceto
  balsamico)*
2 reife Avocados (je 250 g)
125 g Crème fraîche
*2 Teel. abgeriebene unbehan-
  delte Zitronenschale*
*je 1 Eßl. frisch gehackte Peter-
  silie und Zitronenmelisse,*
*frisch gemahlener schwarzer
  Pfeffer*

Zubereitungszeit:
*1 Stunde 10 Minuten,
davon*
Arbeitszeit:
50 Minuten

1 Den Spargel unter fließendem Wasser sauber bür-
sten, schälen und die holzigen
Enden abschneiden. Die Spargelabfälle knapp mit Wasser

bedeckt etwa 20 Minuten
kochen. Die Brühe absieben.

2 Den Spargel mit der Butter
und etwas Salz in der Spargelbrühe in etwa 10 Minuten
bißfest kochen. Dann mit dem
Schaumlöffel herausheben, auf
eine vorgewärmte Platte legen
und warm halten.

3 Für die Sauce knapp 1 Teelöffel Salz in dem Zitronensaft und dem Essig auflösen.
Die Avocados schälen und entkernen. Das Fruchtfleisch, die
Crème fraîche, die Zitronenschale und die Zitronensaftmi-
schung mit dem Pürierstab zu
einer glatten Creme pürieren.
7 Eßlöffel heiße Spargelbrühe
und die Kräuter unterrühren. Die
Creme mit Pfeffer abschmekken und zum Spargel servieren.
Dazu passen neue Kartoffeln, in
Butter geschwenkt und mit
Sesam bestreut.

Zutaten für 2 Personen:

*500–600 g Puffbohnen/Dicke
  Bohnen (250 g Bohnenkerne)*
150 g mittelgroße Zwiebeln
1/2 Teel. Korianderkörner
150 g junge Möhren
10 g Butter
*1 1/2 Teel. gekörnte Gemüse-
  brühe*
3 Eßl. Crème fraîche
*reichlich Majoran, Thymian und
  2–3 Liebstöckelblätter, frisch
  gehackt*
Meersalz

Zubereitungszeit:
*50 Minuten,
davon*
Arbeitszeit:
35 Minuten

1 Die Puffbohnen waschen
und die Bohnenkerne aus
den Hülsen lösen. Die Zwiebeln
längs in schmale Spalten teilen.
Die Korianderkörner im Mörser
oder mit dem Nudelholz

zerdrücken. Die Möhren unter
fließendem Wasser sauber
bürsten und in 3 mm dicke
Scheiben schneiden.

2 Die Zwiebeln mit dem
Koriander in der Butter
glasig braten. Die Möhren, die
Puffbohnen, die gekörnte
Brühe und 1/2 Tasse Wasser
mit den Zwiebeln mischen. Das
Gemüse zugedeckt bei mittlerer Hitze in 10–12 Minuten
bißfest garen.

3 Die Crème fraîche und die
Kräuter unter das Gemüse
rühren und mit Salz würzen.

Das schmeckt dazu:
Neue Kartoffeln und Blattsalat.

Tip:
Die frischen Puffbohnen
können Sie auch durch tiefgefrorene oder durch frische
grüne Bohnen ersetzen.

Gratinierter Chinakohl auf Tomatenreis

Zutaten für 2 Personen:

Für den Tomatenreis:
120 g (Langkorn)Naturreis
240 ccm Wasser
1/2 Lorbeerblatt
3/4 Gemüsebrühwürfel
1 große Zwiebel
1 Knoblauchzehe
20 g Butter
150 g reife feste Tomaten
1 Teel. Thymianblättchen
1 Teel. getrockneter Oregano
Cayennepfeffer
Butter für die Form

Für den Chinakohl:
100 g Gorgonzola
2 Eßl. Crème fraîche
1 Eßl. saure Sahne
1/4 l Wasser
1 Teel. gekörnte Gemüsebrühe
400 g Chinakohl
1/4 Teel. Schabzigerklee
eventuell Meersalz
30 g grob gehackte Haselnüsse
1 Eßl. geriebener Hartkäse

Zum Garnieren:
etwas Petersilie

Einweichzeit:
6–10 Stunden
Zubereitungszeit:
1 Stunde 5 Minuten,
davon
Arbeitszeit:
30 Minuten

1 Den Reis in einem Sieb kalt abspülen und in dem Wasser 6–10 Stunden einweichen.

2 Den Reis in der Quellflüssigkeit mit dem Lorbeerblatt etwa 20 Minuten bei schwacher Hitze kochen. Den zerbröckelten Brühwürfel unterrühren und den Reis auf der ausgeschalteten Kochplatte noch etwa 10 Minuten ausquellen lassen.

3 Inzwischen die Zwiebel grob würfeln, den Knoblauch sehr fein hacken. Beides in der Hälfte der Butter glasig braten.

4 Die Tomaten in kleine Würfel schneiden. Die Tomaten, die Zwiebel, den Knoblauch und den Thymian, den Oregano und die restliche Butter unter den Reis mischen und mit Cayennepfeffer abschmecken.

5 Eine rechteckige flache Auflaufform mit Butter einfetten und den Reis darin verteilen.

6 Für den Chinakohl den Gorgonzola grob zerteilen, mit der Crème fraîche und der sauren Sahne in einem kleinen Rührgefäß ins warme Wasserbad stellen. Den Backofen auf 200° vorheizen.

7 Das Wasser mit der gekörnten Brühe in einem breiten Topf aufkochen. Den Chinakohl waschen und putzen, dann längs in Viertel schneiden. Die Kohlstücke mit der Schnittseite nach unten in der Brühe zugedeckt bei mittlerer Hitze 5–7 Minuten garen. Dann umdrehen und noch 3–5 Minuten

kochen. Mit einem spitzen Messer probieren, ob das Gemüse bißfest ist.

8 Den Kohl mit einem Schaumlöffel aus der Brühe heben, abtropfen lassen und mit der Schnittseite nach unten auf den Reis legen.

9 Den erwärmten Käse mit der Sahne verrühren. Mit dem Schabzigerklee und eventuell wenig Salz würzen und über dem Chinakohl verteilen. Die Nüsse mit dem Käse mischen und über das Gemüse streuen.

10 Den Chinakohl im Backofen (Mitte) in etwa 10 Minuten goldgelb überbacken. Mit der Petersilie garnieren.

Zucchini mit Nuß-Käse-Kruste und Hirse

Zutaten für 2 Personen:

Zutaten für die Zucchini:
350 g reife Tomaten
125 g Zwiebeln
2 Knoblauchzehen
1 Eßl. Tomatenmark
2 1/4 Eßl. kaltgepreßtes,
   unraffiniertes Olivenöl
2 Eßl. Sahne
3/4 Teel. getrockneter Oregano
2 Teel. Thymianblättchen
1 1/2 Teel. gekörnte Gemüsebrühe
30 g Allgäuer Emmentaler
30 g Haselnüsse
50 g Gorgonzola
1/2 Bund Petersilie
300–400 g mittelgroße Zucchini
   von etwa 5 cm Ø
1/4 Teel. Kräutersalz
1/4 Teel. edelsüßes
   Paprikapulver
1/4 Teel. rosenscharfes
   Paprikapulver
1–2 Eßl. Vollkornbrösel

Zum Garnieren:
Petersilie

Für die Hirse:
280 ccm Wasser
2 Teel. gekörnte Gemüsebrühe
130 g Hirse
20 g Butter

Zubereitungszeit:
1 Stunde 10 Minuten,
davon
Arbeitszeit:
50 Minuten

Tips:
Auch größere – schon ausge-
wachsene – Zucchini können
Sie verwenden. Diese müssen
aber geschält werden. Kleine,
schmale Zucchini schräg in
Scheiben schneiden oder längs
1-bis 2mal durchschneiden.
Probieren Sie auch Gurken und
kleine weiße Sommerkürbisse
nach diesem Rezept.
Bitte verwenden Sie zum
Zerkleinern der Zwiebeln im
Blitzhacker ein scharfes
Messer, sonst schmecken die
Zwiebeln bitter. (Eventuell ein
Ersatzmesser für solche
Zwecke bereithalten.)

1 Die Tomaten klein würfeln,
75 g Zwiebeln fein hacken
und beides in eine Schüssel
geben. 1 Knoblauchzehe dazupressen. Das Tomatenmark,
1 Eßlöffel Öl, die Sahne, den
Oregano, den Thymian und die
gekörnte Brühe unterrühren.

2 Eine Pizzaform von 24 cm Ø
mit Olivenöl einfetten und
die Tomatenmischung darin
verteilen.

3 Die restlichen Zwiebeln und den Emmentaler Käse grob
zerkleinern und in den Blitzhacker füllen. Die Nüsse und die
zweite Knoblauchzehe dazugeben und alles mittelfein hacken. Den
Gorgonzola und die grob zerkleinerte Petersilie hinzufügen und
alles zu einer homogenen Creme verarbeiten. Zum Schluß 1 Eßlöffel Olivenöl daruntermixen. Den Backofen auf 200° vorheizen.

4 Die Zucchini in 8 etwa
1 1/2 cm dicke Scheiben
schneiden. Das Salz und beide
Paprikasorten in einer Tasse
mischen. Die Zucchini damit
würzen, mit der Käsecreme bestreichen und sparsam mit den
Vollkornbröseln bestreuen.

5 Die Zucchinischeiben in die Form setzen, und – sobald die Hirse vorbereitet ist – in den Backofen (Mitte) schieben. Die Zucchini 15–20 Minuten backen, bis die Käsekruste hellbraun ist. Jede Scheibe mit Petersilie garnieren.

6 Für die Hirse das Wasser mit der gekörnten Brühe aufkochen. Die Hirse in einem Sieb heiß abspülen und in die kochende Brühe schütten.

7 Den geschlossenen Topf neben die Pizzaform in den Backofen stellen. Nach etwa 15 Minuten nachsehen, ob die Hirse ausgequollen ist. Den Topf aus dem Ofen nehmen und die Hirse offen kurz ausdampfen lassen.

8 Die Butter in Flöckchen darüber verteilen und die Hirse vorsichtig mit einer Gabel auflockern. Das Gericht mit Petersilie garniert servieren.

Kartoffelplätzchen

Maispizza mit Zucchini

Zutaten für 2 Personen:

375 g mehligkochende Kartof-
   feln, in der Schale frisch
   gekocht
35 g Butter
100 g Tofu
2 Eßl. Hefeflocken
1 Eßl. frisch gehackter Thymian
1/2 Teel. Meersalz
etwa 30 g Grünkern, fein
   gemahlen
frisch geriebene Muskatnuß
frisch gemahlener schwarzer
   Pfeffer
4 Eßl. Sonnenblumenkerne

Zubereitungszeit:
55 Minuten,
davon
Arbeitszeit:
30 Minuten

1 Die Kartoffeln schälen und
   durch die Kartoffelpresse
drücken. 15 g Butter dazugeben und die Kartoffeln auskühlen lassen.

2 Den Tofu im Blitzhacker
   pürieren und mit den Hefeflocken, dem Thymian und dem
Salz zu den Kartoffeln geben.
So viel Grünkernmehl unterkneten, daß ein geschmeidiger
Teig entsteht. Mit Muskat und
Pfeffer abschmecken und etwa
20 Minuten ruhen lassen.

3 Aus der Kartoffelmasse
   1 cm dicke Plätzchen
formen und in den Sonnenblumenkernen wälzen.

4 Die Kartoffelplätzchen in der
   restlichen Butter in einer
großen Pfanne bei schwacher
Hitze langsam von beiden
Seiten hellbraun braten.

Das schmeckt dazu:
Kurz gedünstetes Sauerkraut
mit Zwiebeln und Äpfeln,
Grünkohl, Spinat oder Lauchgemüse.

Zutaten für 2 Personen:

100 g grober Maisgrieß
1 Teel. gekörnte Gemüsebrühe
1/4 Teel. Curry
1/4 l Wasser
10 g Butter
1 Ei
150 g Zucchini
Kräutersalz
2 Frühlingszwiebeln
1 Knoblauchzehe
40 g frisch geriebener Parme-
   san oder Sbrinz
1 Tasse frisch gehackte Kräuter
   (Majoran, Thymian, Peter-
   silie)
250–300 g reife Fleischtomaten
frisch gemahlener schwarzer
   Pfeffer
2 Eßl. kaltgepreßtes, unraffi-
   niertes Olivenöl
60 g Schafkäse
2 Teel. Thymianblättchen
Butter für die Form

Zubereitungszeit:
50 Minuten, davon
Arbeitszeit:
30 Minuten

1 Den Mais mit der gekörnten
   Brühe und dem Curry in das
Wasser rühren. Unter Umrüh-
ren bei mittlerer Hitze in 5–8
Minuten zu einem dicken Brei
kochen. Den Topf von der
Kochstelle nehmen.

2 Den Backofen auf 200°
   vorheizen. Eine flache Auflaufform von 22 cm Ø einfetten. Die Butter und das Ei unter
den Maisbrei rühren und den
Brei gleichmäßig in der Form
verstreichen.

3 Die Zucchini in 1/2 cm dicke
   Scheiben schneiden, auf
den Mais legen und salzen.

4 Die unteren zwei Drittel der
   vorbereiteten Frühlingszwiebeln in schmale Streifen
schneiden. Den Knoblauch fein
hacken. Beides mit dem Käse
mischen und auf den Zucchini
verteilen. Die Pizza etwa
15 Minuten im Backofen (Mitte)
backen.

Kartoffelauflauf mit Mozzarella

5 Die Kräuter auf die Pizza streuen. Die Tomaten in Scheiben schneiden und darauf legen. Mit Kräutersalz und Pfeffer würzen und mit dem Olivenöl beträufeln.

6 Den Schafkäse über die Tomaten bröckeln, den Thymian darüber streuen. 15–20 Minuten bei 200° (Mitte) backen, bis der Käse goldgelb ist.

Variante:
Die Käse-Zwiebelmischung auf den Maisboden streuen. Mit 1 Teelöffel getrockneten Provence-Kräutern und Salz würzen. 80 g Mozzarella in dünnen Scheiben auflegen. Bei 200° 30 Minuten im Backofen (Mitte) backen, bis der Mozzarella goldgelb ist. Dazu schmeckt ein Tomaten-Paprika-Salat.

Zutaten für 4 Personen:

700 g vorwiegend festkochende Kartoffeln
500 g Zwiebeln
2–3 Knoblauchzehen
40 g Butter
1 1/2 Teel. gekörnte Gemüsebrühe
60 g geriebener kräftiger Hartkäse
1 Teel. getrocknete Provence-Kräuter
1 Teel. getrockneter Oregano
1 1/2 Eßl. Thymianblättchen
1/2 Lorbeerblatt, fein zerrieben
1/2 Teel. frisch gemahlener schwarzer Pfeffer
1 Teel. Schabzigerklee
2 Teel. Kräutersalz
1 großes Ei
120 g Sahne
150 g Mozzarella
Butter für die Form

Zubereitungszeit:
1 Stunde 15 Minuten, davon
Arbeitszeit:
40 Minuten

1 Die Kartoffeln unter fließendem Wasser sauber bürsten.

2 Die Zwiebeln grob würfeln, den Knoblauch fein hacken. Die Butter mit 2 Eßlöffeln Wasser in einer Pfanne erhitzen, die Zwiebeln und den Knoblauch darin glasig braten. Die gekörnte Brühe unterrühren.

3 Inzwischen die Hälfte des Käses mit den Kräutern, den Gewürzen und dem Salz mischen.

4 Den Backofen auf 200° vorheizen. Eine flache Auflaufform von etwa 24 cm Ø einfetten.

5 Die Kartoffeln möglichst mit der Schale in die Form raspeln. Die Zwiebeln und die Käsemischung mit den Kartoffeln mischen und gleichmäßig in der Form verteilen. Den restlichen Käse darüber streuen.

6 Das Ei mit der Sahne verquirlen und über den Auflauf gießen. Den Mozzarella in dünne Scheiben schneiden und darauf legen.

7 Den Auflauf in den Backofen (unten) schieben und etwa 30 Minuten backen, bis die Oberfläche leicht gebräunt ist.

Das schmeckt dazu:
Möhrensalat mit Haselnüssen in Joghurt-Sahne-Sauce oder Blumenkohl in Currysahne (Rezept Seite 26).

Varianten:
Je nach Saisonangebot können Sie zwei Drittel der Zwiebeln durch ganz kurz gedünstetes Gemüse wie Rosenkohl, Broccoli, Wirsing oder Möhren ersetzen.

Pilzkuchen in knuspriger Teigkruste

Zutaten für 4–6 Personen:

Für den Teig:
150 g Weizen, 30 g Hirse und
  40 g Grünkern, zusammen
  fein gemahlen
1/4 Teel. Meersalz
1 Eßl. Hefeflocken
110 g kalte Butter, in Stückchen geschnitten
100 ccm kaltes Wasser
1 Springform von 24 cm Ø, mit
  Butter eingefettet

Für die Füllung:
200 g Zwiebeln
1–2 Knoblauchzehen
400 g Egerlinge
3 Eßl. kaltgepreßtes, unraffiniertes Olivenöl
60 g gekühlter Rahm-Camem-
  bert
1 kleines Ei
2 Teel. Steinpilzbrühe
1 Eßl. Thymianblättchen
2 Eßl. frisch gehackte Kräuter
  (Petersilie, Majoran, Liebstöckel)
2 Eßl. Crème fraîche
frisch gemahlener schwarzer
  Pfeffer
Meersalz

Zum Bestreuen:
1 Teel. Thymianblättchen

Zubereitungszeit:
1 3/4 Stunden,
davon
Arbeitszeit:
1 Stunde

Tip:
Damit der Teigrand beim
Vorbacken nicht abrutscht oder
umkippt, wird er durch einen
Folienrand gesichert: ein 80 cm
langes Stück Alufolie längs
viermal falten und leicht zusammendrücken, so daß ein fester
Rand entsteht. Er wird von
innen an den Teigrand gedrückt
und nach dem Vorbacken
abgenommen. Einfetten ist
nicht notwendig. Den Folienrand können Sie mehrmals
verwenden.

1 Das Mehl, das Salz und die
  Hefeflocken in der Backschüssel mischen. Die Butter-
stückchen darüberstreuen, alles
zu feinen Streuseln verkrümeln.
Das Wasser zugießen und mit
den Knethaken zu einem
glatten Teig verkneten.
Etwa 40 Minuten zugedeckt
kühl ruhen lassen.

2 Die Zwiebeln grob würfeln,
  den Knoblauch fein hacken.
Die Pilze kurz waschen, putzen
und grob zerkleinern.

3 Die Zwiebeln und den
  Knoblauch in dem Öl unter
gelegentlichem Umwenden
glasig braten. Die Pilze dazugeben und bei mittlerer Hitze
etwa 5 Minuten anbraten. Die
Pfanne von der Kochstelle
nehmen.

4 Den Camembert klein
  würfeln. Das Ei verquirlen.
Den Käse, das Ei (bis auf 2 Eßlöffel), die Steinpilzbrühe, die
Kräuter und die Crème fraîche
unter die Pilze rühren. Mit
Pfeffer und Salz abschmecken.

5 Den Backofen auf 200° vorheizen. Die Form mit zwei Dritteln des Teiges auslegen, einen Rand von 2 1/2 cm formen. Den Teigboden mehrmals einstechen. Den Folienstreifen (siehe Tip) fest an den Teigrand drücken.

6 Den Teigboden etwa 15 Minuten im Backofen (Mitte) vorbacken. Den Folienstreifen entfernen. Die Pilzmasse einfüllen. Den Backofen auf 220° schalten.

7 Den restlichen Teig ausrollen, Streifen ausrädeln und mit dem restlichen Ei bestreichen. Die Streifen gitterartig auf den Kuchen legen. Die Thymianblättchen darüber streuen.

8 Den Pilzkuchen in den Backofen (unten) schieben und etwa 30 Minuten backen, bis das Teiggitter hellbraun ist.

Lauchpastetchen mit Quarkblätterteig

Zutaten für etwa 12 Stück:

Für den Teig:
250 g trockener Schichtkäse
150 g weiche Butter
2 leicht gehäufte Eßl. Hefeflocken
4 Eßl. Sesamsamen
3/4 Teel. Meersalz
260 g Weizen mit je 1/4 Teel.
  Kümmel und Koriander fein
  gemahlen

Für die Füllung:
50 g frische Erdnüsse
275 g Lauch (vorbereitet
  gewogen)
120 g Zwiebeln
1 Knoblauchzehe
2 Eßl. kaltgepreßtes, unraffiniertes Olivenöl
70 g Allgäuer Emmentaler
70 g Schafkäse
2 Eßl. Crème fraîche
2 Eßl. Thymianblättchen
1 Teel. getrockneter Oregano
1 Ei
Meersalz
frisch gemahlener schwarzer
  Pfeffer

1 Prise Cayennepfeffer
1 Eßl. Sesamsamen
Butter für das Blech
Mehl zum Ausrollen

Ruhezeit:
4–12 Stunden
Zubereitungszeit:
1 Stunde und 50 Minuten,
davon
Arbeitszeit:
1 1/4 Stunden

1 Den Schichtkäse mit der Butter, den Hefeflocken, dem Sesam und dem Salz gründlich verrühren. Die Mehlmischung unterarbeiten. Den weichen Teig mindestens 4 Stunden zugedeckt kalt stellen.

2 Die Erdnüsse schälen, auch die braunen Häutchen abstreifen. Die Nüsse unter Umwenden hellbraun rösten.

3 Den Lauch putzen und waschen. Die weißen und die hellgrünen Teile in 1 cm breite Streifen schneiden. Die Zwiebeln grob würfeln, den Knoblauch fein hacken. Das Gemüse in dem Öl in etwa 10 Minuten bißfest dünsten.

4 Die Erdnüsse mittelgrob hacken. Den Emmentaler im Blitzhacker grob zerkleinern, den Schafkäse dazugeben und alles fein hacken. Den Käse, die Nüsse, die Crème fraîche und die Kräuter unter das Gemüse mischen.

5 Das Ei verquirlen, 3 Eßlöffel davon unter die Füllung rühren. Mit Salz, Pfeffer und dem Cayennepfeffer herzhaft abschmecken und abkühlen lassen.

6 Den Backofen auf 200° vorheizen. Das Blech einfetten.

7 Den Teig halbieren. Die eine Hälfte wieder kalt stellen. Die andere auf der leicht bemehlten Arbeitsfläche durchkneten und 2–3 mm dick ausrollen (nicht zu dünn, sonst reißt der Teig beim Backen). Mit dem Körbchen der Moulinette Kreise von 12 cm Ø ausstechen. Die Teigränder mit Ei bestreichen. Jeweils 1 Eßlöffel der Füllung darauf geben und zu Taschen zusammenklappen. Die Ränder mit einer Gabel zusammendrücken. Die Teigtaschen mit dem restlichen Ei bestreichen, mit dem Sesam bestreuen und auf das Blech legen.

8 Die Pastetchen im Backofen (Mitte) in 30–40 Minuten hellbraun und knusprig backen. Warm servieren.

Selleriequiche mit Koriander

Zutaten für 4–6 Personen:

Für den Quarkmürbeteig:
150 g Weizen, mit 30 g Grün-
    kern und 1 Teel. Kümmel
    fein gemahlen
1/2 Teel. Meersalz
60 g kalte Butter
60 g Quark
Butter für die Form

Für die Füllung:
500 g Staudensellerie/Bleich-
    sellerie
2 Eßl. kaltgepreßtes, unraffi-
    niertes Olivenöl
2 Teel. Koriander
Meersalz
40 g Allgäuer Emmentaler
40 g Parmesan oder 80 g Sbrinz
125 g Crème fraîche
2 Eier

Zubereitungszeit:
2 Stunden,
davon
Arbeitszeit:
55 Minuten

1 Die Mehlmischung mit dem Salz in einer Backschüssel mischen. Die Butter in Flöck-chen darüber verteilen und mit den Fingerspitzen fein verkrü-meln. Den Quark dazugeben und alles mit dem Knethaken der Küchenmaschine zu einem geschmeidigen Teig verkneten.

2 Eine Springform von 24 cm Ø einfetten. Den Teig ausrollen. Die Form damit auslegen und einen Rand von 2 1/2–3 cm hochziehen. 30 Minuten ruhen lassen.

3 Den Backofen auf 200° vorheizen. Den Teigrand mit einem Streifen Alufolie sichern (siehe Tip Seite 76) und den Teigboden mehrmals mit einer Gabel einstechen. Den Boden etwa 15 Minuten im Backofen (Mitte) vorbacken. Dann den Folienrand abnehmen.

4 Inzwischen die Selleriestan-gen waschen und, wenn nötig, die harten Fasern auf der Oberseite abziehen. Den Sellerie in schmale Streifen schneiden. Das Öl mit 4 Eß-löffeln Wasser in einem breiten Topf erhitzen und den Sellerie darin in 8–10 Minuten bißfest dünsten.

5 Den Koriander im Mörser oder mit dem Nudelholz auf einem Brett grob zerstoßen, zu dem Gemüse geben und die-ses mit Salz abschmecken.

6 Den Käse reiben. Die Hälfte davon auf den Teigboden streuen. Den Sellerie einfüllen und mit dem restlichen Käse bestreuen.

7 Die Crème fraîche, die Eier und 1 Prise Salz verquirlen und über dem Gemüse vertei-len.

8 Die Quiche etwa 35 Minu-ten im Backofen (unten) backen, bis die Oberfläche goldgelb ist.

Tips:
Die Füllung für die Gemüse-quiche können Sie je nach Saison variieren. Gut schmek-ken auch Blumenkohl, Broccoli, Wirsing, Lauch, Rosenkohl oder Mangold.
Aus dem Quarkmürbeteig kön-nen Sie auch knusprige Küm-melröllchen backen: Dazu den Teig dünn ausrollen, in beliebig breite Streifen schneiden und locker zusammenrollen. Die Röllchen mit verquirltem Ei be-streichen und in Kümmel oder beliebigen anderen Samen rollen. Die Kümmelröllchen im vorgeheizten Backofen (Mitte) bei 200° in 15–20 Minuten knusprig backen. Sie passen gut zu Wein oder Bier, zu Vor-speisen-Salaten und aufs kalte Buffet.

Gratinierte Maisbällchen

Zutaten für 4 Personen:

260 g feiner Maisgrieß
    (Polenta)
2 Eßl. gekörnte Gemüsebrühe
600 ccm Wasser
25 g Butter
2 kleine Eier
4 Eßl. frisch geriebener
    Allgäuer Emmentaler
1/2 Teel. Curry

Zubereitungszeit:
1 Stunde 10 Minuten,
davon
Arbeitszeit:
15 Minuten

1 Den Maisgrieß – bis auf
2 Eßlöffel – und die gekörnte Brühe in das Wasser rühren.
Etwa 5 Minuten unter gelegentlichem Umrühren kochen, dann
etwa 20 Minuten auf der
ausgeschalteten Kochplatte
ausquellen lassen.

2 20 g Butter, die Eier,
2 Eßlöffel Käse, den Curry
und den zurückbehaltenen
Maisgrieß unter den Maisbrei
rühren und diesen auskühlen
lassen.

3 Den Backofen auf 200°
vorheizen. Eine Pizzaform
von 24 cm Ø mit der restlichen
Butter einfetten.

4 Mit einem nassen Eisportionierer (oder 2 großen
Löffeln) Kugeln in die Form
setzen und mit dem restlichen
Käse bestreuen.

5 Die Klößchen im Backofen
(Mitte) 20–25 Minuten
backen, bis sie goldgelb sind.

Das schmeckt dazu:
Paprika-Tomaten-Gemüse vom
Gerstenschrotauflauf (Rezept
Seite 84) oder italienisches
Mangoldgemüse (Rezept
nebenstehend)

Mangold Italienisch

Zutaten für 2 Personen:

200 g Mangold
150 g grüne Paprikaschoten
100 g Lauch
2 Eßl. kaltgepreßtes, unraffi-
    niertes Olivenöl
1 Knoblauchzehe
2 Liebstöckelblätter und
    8 Rosmarinnadeln, frisch
    gehackt
1–2 Teel. Thymianblättchen
Meersalz
100 g reife Tomaten
3 Eßl. saure Sahne
1 1/2 Eßl. frisch gehackte
    Petersilie

Zubereitungszeit:
40 Minuten,
davon
Arbeitszeit:
25 Minuten

1 Die Mangoldstiele und die
dicken Rippen von den
Blättern trennen, waschen und
getrennt in 1 1/2 cm breite
Streifen schneiden.

2 Die Paprikaschoten vierteln,
entkernen und quer in
Streifen schneiden. Den Lauch
putzen, waschen und in
schmale Streifen schneiden.

3 Das Öl und 1 Eßlöffel Wasser in einer Servierpfanne
erhitzen. Das Gemüse – bis auf
die Mangoldblätter – darin etwa
5 Minuten zugedeckt dünsten.
Die Mangoldblätter, den
durchgepreßten Knoblauch und
die Kräuter dazugeben. Leicht
salzen und 5–8 Minuten bei
schwacher Hitze kochen.

4 Die Tomaten grob würfeln,
dabei die grünen Stielan-
sätze entfernen. Die Tomatenwürfel mit dem Gemüse noch
etwa 3 Minuten ziehen lassen.
Dabei den Deckelabzug der
Servierpfanne öffnen.

5 Die saure Sahne unterrühren. Das Gemüse ab-
schmecken und mit der Petersilie bestreuen.

Käsepfannkuchen mit Gemüsefüllung

Das schmeckt dazu:
Gerstengrütze (Rezept Seite 68)
Gerstenschrotauflauf (Rezept Seite 84)
Gratinierte Maisbällchen (Rezept nebenstehend)

Varianten:
1 Handvoll grüne Bohnen von Anfang an mitkochen. Mangoldstiele durch Salat- oder Gemüsegurken ersetzen. Die Gurkenwürfel erst mit den Mangoldblättern zugeben, nur kurz garen, denn sie sollen knackig bleiben. Das Rezept für einen Salat aus Mangoldstielen finden Sie auf Seite 41. Die frischen Kräuter können Sie notfalls durch getrocknete Provence-Kräuter ersetzen. Das Gemüse läßt sich sehr gut einfrieren. Knoblauch, Kräuter und Sahne dann erst nach dem Auftauen dazugeben!

Zutaten für 2 Personen:

Für die Pfannkuchen:
200 ccm Milch
70 ccm Wasser
120 g Dinkel, fein gemahlen
2 Eßl. geriebener Hartkäse
1 Prise Meersalz
2 Eigelb
2 Eiweiß
20 g Butter

Für die Gemüsefüllung:
4 Eßl. Sonnenblumenkerne
200 g Möhren
250 g Lauch
Meersalz
1 Eßl. Butter
3 Eßl. Crème fraîche
2 Eßl. frisch gehackte Petersilie und Kerbel

Zubereitungszeit:
1 Stunde,
davon
Arbeitszeit:
45 Minuten

1 Die Milch und das Wasser in einem Meßbecher abmessen. Den Dinkel, den Käse und das Salz hineinrühren. Den Teig zugedeckt 20–30 Minuten quellen lassen.

2 Inzwischen die Sonnenblumenkerne für die Gemüsefüllung goldgelb rösten.

3 Die Möhren sauber bürsten und grob raspeln. Den Lauch putzen und waschen. Die weißen und die hellgrünen Teile in Streifen schneiden.

4 Das Gemüse mit 1/2 Tasse Wasser und 1 guten Prise Salz in 8–10 Minuten bißfest dünsten. Die Butter, die Crème fraîche und die Kräuter unterziehen und das Gemüse abschmecken.

5 Die Eigelbe unter den Pfannkuchenteig rühren. Die Eiweiße steif schlagen und unterheben.

6 Etwas Butter in einer mittelgroßen Pfanne erhitzen, eine kleine Schöpfkelle Teig darin verteilen. Die Pfannkuchen zugedeckt auf der einen Seite backen, dann umdrehen und offen fertig backen. Bei 50° im Backofen warm halten, bis alle gebacken sind.

7 Die Pfannkuchen mit dem Gemüse füllen und vor dem Zusammenklappen mit den Sonnenblumenkernen bestreuen. Die Sonnenblumenkerne nicht unter das Gemüse mischen, damit sie knusprig bleiben.

Variante:
Für süße Pfannkuchen den Käse im Teig weglassen und den Teig mit 1 Teelöffel Honig und abgeriebener Zitronenschale würzen.

Reisgratin auf Selleriescheiben

Zutaten für 4 Personen:

150 g (Mittelkorn-)Naturreis
300 ccm Wasser
1 Lorbeerblatt
3 Gemüsebrühwürfel
2 mittelgroße Sellerieknollen
40 g Butter
Meersalz
1 großes Ei
1 1/2 Eßl. frisch gehackte
    Petersilie
30 g (Mittelkorn-)Naturreis,
    fein gemahlen
60 g Appenzeller Käse
80 g Lauch
50 g Haselnüsse
3/4 Teel. Delikata
1/2 Teel. Curry
Cayennepfeffer
2 reife Fleischtomaten
1 1/2 Teel. getrocknete
    Provence-Kräuter
2 Eßl. kaltgepreßtes, unraffi-
    niertes Olivenöl
Butter für die Form

Einweichzeit:
6–10 Stunden
Zubereitungszeit:
1 Stunde 20 Minuten,
davon
Arbeitszeit:
1 Stunde

Tips:
Für Gäste läßt sich das Gericht
bereits einige Zeit vorher
soweit vorbereiten, daß Sie es
nur noch in den Backofen
schieben müssen.
Die aromatische Selleriebrühe
können Sie als Trinkbrühe
servieren oder für eine Suppe
oder eine Sauce verwenden.
Auch eine pikant gewürzte
Tomatensauce paßt gut zu dem
Reisgratin. In diesem Fall
lassen Sie bitte die Tomaten-
scheiben weg.

1 Den Reis in einem Sieb kalt abspülen und in dem Wasser 6–10 Stunden einweichen. Dann mit dem Lorbeerblatt 20 Minuten bei schwacher Hitze kochen. 1 1/2 Brühwürfel dazugeben und den Reis auf der ausgeschalteten Kochplatte 10 Minuten ausquellen lassen.

2 Die Sellerieknollen waschen und dünn schälen. 8 fingerdicke Scheiben von etwa 10 cm Ø abschneiden.

3 3/4 l Wasser mit den restlichen Brühwürfeln aufkochen und den Sellerie darin in etwa 10 Minuten bei mittlerer Hitze bißfest garen. Den Backofen auf 200° vorheizen.

4 Eine flache Auflaufform einfetten. Die Selleriescheiben mit dem Schaumlöffel aus der Kochbrühe heben und nebeneinander in die Form legen. Ein Eckchen kalte Butter auf eine Gabel spießen, die Selleriescheiben damit bestreichen und leicht salzen.

5 Das Lorbeerblatt aus dem Reis nehmen. Die restliche Butter, das verquirlte Ei, die Petersilie und das Reismehl unterrühren.

6 Vom Käse 4 Eßlöffel fein abraspeln und beiseite stellen. Den übrigen Käse mit dem vorbereiteten Lauch und den Nüssen im Blitzhacker zerkleinern und unter den Reis mischen. Mit den Gewürzen und Salz abschmecken.

7 Den Reis auf die Selleriescheiben häufen und mit dem geraspelten Käse bestreuen. Die Form in den Backofen (2. Schiene von oben) schieben und den Reis 10–15 Minuten überbacken, bis der Käse goldgelb ist.

8 Die Tomaten in 8 Scheiben schneiden und auf den Reis legen. Leicht salzen, mit den Provence-Kräutern bestreuen und mit dem Öl beträufeln. Das Gratin noch etwa 5 Minuten in den Backofen (oben) schieben, bis die Tomaten heiß sind.

Gerstenschrotauflauf mit Paprika-Tomaten-Gemüse

Zutaten für 4 Personen:

Für den Gerstenschrotauflauf:
180 g Nacktgerste und 100 g
   Weizen, grob geschrotet
2 Gemüsebrühwürfel
400 ccm warmes Wasser (35°)
100 g Zwiebeln
40 g Butter
3 Eigelb
100 g kräftiger geriebener
   Hartkäse
2 Eßl. frisch gehackte Petersilie
1 Teel. Curry
frisch geriebene Muskatnuß
1/2 Teel. Schabzigerklee
3 Eiweiß
1 mittelgroße Tomate
Butter für die Form

Für das Gemüse:
125 g Lauch
200 g grüne Paprikaschoten
250 g gelbe Zucchini
300 g Tomaten
2 Eßl. kaltgepreßtes, unraffiniertes Olivenöl
4 Liebstöckelblätter und 1 Teel.
   Rosmarinnadeln, frisch
   gehackt

1 Teel. Thymianblättchen
eventuell 1 Teel. feiner Maisgrieß
30 g Butter
1 Teel. getrockneter Oregano
2 Eßl. frisch gehackte Petersilie
Meersalz

Quellzeit:
2 Stunden
Arbeitszeit:
1 Stunde 10 Minuten

1 Das geschrotete Getreide
und die Brühwürfel in das
Wasser rühren und etwa
2 Stunden quellen lassen.

2 Eine Auflaufform einfetten.
Den Backofen auf 200°
vorheizen.

3 Die Zwiebeln fein würfeln
und in der Hälfte der Butter
glasig braten. Die restliche
Butter darin schmelzen lassen.

4 Die Zwiebeln, die Eigelbe,
den Käse (bis auf 2 Eßlöffel), die Petersilie und die
Gewürze unter das Getreide
rühren. Die Eiweiße steif
schlagen und unterheben.

5 Die Masse in die Form
füllen (sie ist am Anfang
noch weich, wird aber beim
Backen fest) und mit dem
restlichen Käse bestreuen:

6 Den Auflauf im Backofen
(unten) 35–40 Minuten bak-
ken, bis er leicht gebräunt und
fest ist. Etwa 5 Minuten vor
Ende der Backzeit die Tomate
in Scheiben schneiden und als
Garnitur darauf legen.

7 Inzwischen sämtliches
Gemüse waschen und
putzen. Den Lauch in 1 cm
breite Streifen schneiden. Die
Paprikaschoten entkernen und
in 2 cm große Rauten schneiden. Die Zucchini würfeln. Die
Tomaten entkernen, das Innere
grob zerkleinern. Das Tomaten-
fleisch würfeln.

8 Das Öl in einer großen
Pfanne mit dem Tomaten-
inneren erhitzen. Den Lauch
und die Paprikaschoten etwa
8 Minuten darin schmoren. Die
Tomaten, die Zucchini und die
Kräuter dazugeben. Noch etwa
5 Minuten dünsten, bis das Gemüse bißfest ist. Eventuell die
Kochflüssigkeit mit dem Maisgrieß binden.

9 Die Butter, den Oregano
und die Petersilie unterziehen und das Gemüse mit Salz
abschmecken.

Dinkelomelett

Zutaten für 2 Personen:

120 g Dinkel
240 ccm Wasser
100 g Zwiebeln
35 g Butter
2 Teel. gekörnte Gemüsebrühe
2 Eier
2 Eßl. saure Sahne
2 Eßl. Hefeflocken
2 Knoblauchzehen
1/4 Teel. edelsüßes Paprika-
  pulver
1/4 Teel. Curry
1 Prise Cayennepfeffer
2 Eßl. frisch gehackte Petersilie
  und Schnittlauch

Einweichzeit:
6–10 Stunden
Zubereitungszeit:
50 Minuten,
davon
Arbeitszeit:
15 Minuten

1 Den Dinkel kalt abspülen und in dem Wasser 6–10 Stunden einweichen. Den

Dinkel 2–3 Minuten kochen und auf der ausgeschalteten Kochplatte etwa 20 Minuten ausquellen lassen. Noch vorhandene Kochbrühe abgießen.

2 Die Zwiebeln würfeln und in 1 Eßlöffel Butter glasig braten. Die gekörnte Brühe unterrühren. Alles zum Dinkel geben.

3 Die Eier, die saure Sahne, die Hefeflocken, den durchgepreßten Knoblauch und die Gewürze verquirlen und unter den Dinkel rühren.

4 Die Dinkelmasse in der restlichen Butter bei schwacher Hitze backen, bis die Eier gestockt sind. Die Kräuter darüber streuen.

Das schmeckt dazu:
Gemüsefrischkost mit Joghurt-Sahne oder gedünstetes Gemüse.

Buchweizen mit Nüssen

Zutaten für 2 Personen:

125 g Buchweizen
1/2 Teel. grob zerstoßener
  Koriander
1/4 l kochendes Wasser
40 g Haselnüsse
25 g Butter
1 Eßl. Petersilie und 2 Teel.
  Majoran, frisch gehackt
Kräutersalz

Zubereitungszeit:
20 Minuten,
davon
Arbeitszeit:
15 Minuten

1 Den Buchweizen in einem Sieb heiß abspülen, gut abtropfen lassen und mit dem Koriander in einem Kochtopf unter Umrühren knusprig rösten.

2 Das Wasser zugießen und den Buchweizen 3–5 Minuten bei schwächster Hitze garen. Dann 10–15 Minuten auf der ausgeschalteten Kochplatte

ausquellen lassen. So bleibt der Buchweizen schön körnig.

3 Inzwischen die Nüsse mit einem großen Messer grob hacken und in der Hälfte der Butter goldgelb rösten. Die Nüsse, die restliche Butter und die Kräuter unter den Buchweizen mischen und diesen mit Salz abschmecken.

Das schmeckt dazu:
Gedünstetes Gemüse wie Möhren, Pilze oder Pilz-Sahne-Sauce (Rezept Seite 93)

Variante:
Haselnuß-Buchweizen süß:
Pikante Gewürze und Salz weglassen. Den Buchweizen sparsam mit Zimt und gemahlenen Nelken würzen und mit Honig süßen. Rohes Apfelmus (vom Gemüsefrischkost mit Schrotbrei, Rezept Seite 120) oder gedünstete Äpfel schmecken gut dazu.

Krautauflauf mit Thymiansauce

Zutaten für 4 Personen:

Für die Getreideplätzchen:
50 g Buchweizen
100 g Grünkern, sehr grob
   geschrotet
2 Teel. gekörnte Gemüsebrühe
300 ccm Wasser
15 g Butter
1 großes Ei
30 g mittelfein gehackte
   Haselnüsse
1/2 Teel. frisch geriebene
   Muskatnuß
3/4 Teel. Schabzigerklee
frisch gemahlener schwarzer
   Pfeffer
Meersalz
2 Eßl. kräftiger geriebener
   Käse (Appenzeller oder
   Greyerzer)

Für das Gemüse:
200 g Zwiebeln
25 g Butter
1 Eßl. kaltgepreßtes, unraffiniertes Maisöl
600 g Weißkraut
3/4 Teel. Koriander
1 1/2 Teel. Meersalz
1 1/2 Teel. Steinpilzbrühe
200 g Egerlinge
Eine Pizzaform von 24 cm Ø,
   mit Butter eingefettet

Für die Thymiansauce:
200 ccm Wasser
3/4 Gemüsebrühwürfel
1 Lorbeerblatt
200 g mehligkochende
   Kartoffeln
2 Eßl. frischer oder 3 Teel.
   getrockneter Thymian
30 g Butter
150 g Doppelrahmfrischkäse

Arbeitszeit:
1 3/4 Stunden

Varianten:
Aus der Getreidemasse können
Sie auch Bratlinge in der Pfanne
braten oder – wie im Rezept
beschrieben – Plätzchen
formen und im Backofen
backen. Dazu schmeckt
Gemüse oder eine Pilz-Sahne-
Sauce (Rezept Seite 93) oder
Tomatensauce.

1 Den Buchweizen heiß ab-
spülen, mit dem Grünkern
und der gekörnten Brühe in das
Wasser rühren. Etwa 10 Minuten zugedeckt bei schwächster
Hitze kochen, dabei gelegentlich umrühren. Dann etwa 15
Minuten ausquellen lassen, bis
alle Flüssigkeit aufgesogen ist.

2 Die Butter, das Ei und die
Nüsse unter die lauwarme
Masse rühren und mit dem
Muskat, dem Schabzigerklee,
Pfeffer und wenig Salz ab-
schmecken.

3 Für das Gemüse die Zwiebeln grob würfeln. Die
Butter, das Öl und 1 Eßlöffel
Wasser in einer großen Pfanne
erhitzen und die Zwiebeln darin
glasig braten.

4 Inzwischen das Weißkraut
waschen, putzen, den
Strunk ausschneiden und
raspeln. Das Kraut in 1 cm
breite Streifen schneiden.
Unter die Zwiebeln mischen
und unter Umwenden kurz
anbraten.

5 Den Koriander im Mörser
oder mit dem Nudelholz auf
einem Brett fein zerstoßen und
mit dem Salz, der Steinpilzbrühe
und 6 Eßlöffeln Wasser unter
das Gemüse mischen. Zuge-
deckt in 10–15 Minuten bißfest
garen. Den Backofen auf 200°
vorheizen.

6 Die Pilze mit Küchenkrepp säubern und putzen. Dann in Scheiben schneiden, unter das Gemüse mischen und dieses abschmecken.

7 Das Kraut in die Form füllen. Mit einem nassen Eisportionierer aus der Getreidemasse Kugeln auf das Gemüse setzen, etwas flachdrücken und mit dem Käse bestreuen. Im Backofen (oben) 15–20 Minuten überbacken, bis der Käse goldgelb ist.

8 Inzwischen für die Sauce das Wasser mit dem Brühwürfel und dem Lorbeerblatt aufkochen. Die Kartoffeln waschen, dünn schälen, in die kochende Brühe raspeln und bei mittlerer Hitze etwa 15 Minuten kochen.

9 Das Lorbeerblatt entfernen. Den Thymian dazugeben. Die Kartoffeln mit dem Pürierstab fein pürieren. Die Butter, den Frischkäse und eventuell noch etwas Wasser unterrühren, falls die Sauce zu dick ist.

Gurkenpfanne mit Tofu

Zutaten für 2 Personen:

150 g Zwiebeln
2 Knoblauchzehen
20 g Butter
50 g Haselnüsse
150 g Tofu
3/4 Teel. Curry
1/4 Teel. Kumin/Kreuzkümmel
300 g Salat- oder Gemüse-
  gurken
1 Eßl. kaltgepreßtes, unraffiniertes Sonnenblumenöl
200 g Tomaten
8 Rosmarinnadeln und
  2 Liebstöckelblätter, frisch
  gehackt
1 Gemüsebrühwürfel
2 Eßl. saure Sahne
1 Eßl. frisch gehackte Kräuter
  (Petersilie, Bohnenkraut,
  Thymian)
Cayennepfeffer

Zubereitungszeit:
40 Minuten,
davon
Arbeitszeit:
30 Minuten

1 Die Zwiebeln grob würfeln, den Knoblauch fein hacken und beides in der Butter gold-gelb braten.

2 Die Nüsse und den Tofu mittelgrob hacken und mit den Zwiebeln unter Umwenden etwa 5 Minuten braten, bis der Tofu fest wird. Die Gewürze kurz mitrösten. Die Mischung aus der Pfanne nehmen.

3 Die Gurken möglichst ungeschält in 2 cm große Würfel schneiden, dann in dem Öl rundherum anbraten.

4 Die Tomaten würfeln, mit den Kräutern und dem Brühwürfel unter die Gurken mischen, etwa 8 Minuten zugedeckt dünsten.

5 Die Tofumischung, die saure Sahne und die Kräuter unter das Gemüse ziehen und mit Cayennepfeffer abschmecken.

Kartoffel-Gemüsepfanne

Zutaten für 2 Personen:

250 g vorwiegend fest-
  kochende Kartoffeln
200 g grüne Bohnen
70 g Zwiebeln
2 Eßl. kaltgepreßtes,
  unraffiniertes Olivenöl
2 Teel. gekörnte Gemüsebrühe
1 gelbe Paprikaschote (125 g)
250 g reife Tomaten
1 Eßl. Bohnenkraut und
  2–3 Liebstöckelblätter, frisch
  gehackt
1 Handvoll Basilikum
100 g Schafkäse
frisch gemahlener schwarzer
  Pfeffer
eventuell Meersalz

Zubereitungszeit:
50 Minuten,
davon
Arbeitszeit:
40 Minuten

1 Die Kartoffeln unter fießen-dem Wasser sauber bür-sten. Die Bohnen waschen, putzen und quer halbieren.

2 Die Zwiebeln halbieren und in schmale Streifen schnei-den. 1 Eßlöffel Öl und 1 Eßlöffel Wasser in einer Servierpfanne erhitzen und die Zwiebeln darin glasig braten.

3 Die ungeschälten Kartoffeln in 2 cm große Würfel schneiden und zu den Zwiebeln geben. Die Bohnen, 1/8 l Wasser und die gekörnte Brühe hinzufü-gen. Zugedeckt etwa 10 Minu-ten bei mittlerer Hitze garen.

4 Inzwischen die Paprikaschote vierteln, entkernen und in Streifen schneiden. Die Tomaten halbieren und aushöhlen.

Bohnenragout mit Basilikum

DasTomateninnere grob hacken und mit den Paprikastreifen und den gehackten Kräutern unter das Gemüse mischen. Noch 8–10 Minuten zugedeckt schmoren, bis die Kartoffeln weich sind.

5 Die Tomatenhälften würfeln. Das Basilikum grob hacken (möglichst nicht waschen, weil es dadurch an Aroma verliert). Die Tomaten, das Basilikum und 1 Eßlöffel Öl unter das Gemüse mischen. 2–3 Minuten ziehen lassen, aber nicht mehr kochen.

6 Den Schafkäse zerbröckeln und die Hälfte davon unter das Gemüse heben. Mit Pfeffer und eventuell noch wenig Salz abschmecken. Den restlichen Schafkäse darüber streuen.

Das schmeckt dazu:
Endivien- oder Friséesalat mit Fenchelstreifen.

Zutaten für 4 Personen:

200 g getrocknete weiße
*   Bohnen*
700 ccm Wasser
2 Rosmarinzweige
6 Thymianzweige
2 Eßl. gekörnte Gemüsebrühe
400 g grüne Bohnen
200 g Zwiebeln
7 Eßl. kaltgepreßtes, unraffi-
*   niertes Olivenöl*
300 g Fenchel
4 Teel. grober Maisgrieß
500 g reife Fleischtomaten
2–3 Handvoll frisch gehackte
*   Kräuter (Basilikum, wenig*
*   Majoran, Bohnenkraut),*
3–4 Knoblauchzehen
Meersalz
schwarzer Pfeffer
120 g Parmesan

Einweichzeit:
12 Stunden
Zubereitungszeit:
1 Stunde 5 Minuten,
davon
Arbeitszeit:
45 Minuten

1 Die Bohnen in einem Sieb kalt abspülen, 12 Stunden in dem Wasser einweichen.

2 Den Rosmarin und den Thymian zusammenbinden und zu den Bohnen geben. 1 Eßlöffel gekörnte Brühe hineinstreuen. Die Bohnen in 40–50 Minuten bei schwacher Hitze weichkochen.

3 Inzwischen die grünen Bohnen waschen, putzen und in 4 cm lange Stücke schneiden.

4 Die Zwiebeln vierteln, in Streifen schneiden und in 2 Eßlöffeln Öl und 2 Eßlöffeln Wasser glasig braten. Die grünen Bohnen, 1/8 l Wasser und 1 Eßlöffel gekörnte Brühe zu den Zwiebeln geben. Zugedeckt 8–10 Minuten kochen.

5 Inzwischen den Fenchel waschen und putzen. Die Knollen längs halbieren und

quer in Streifen schneiden, unter das Gemüse mischen und alles in etwa 10 Minuten bißfest kochen.

6 Die weißen Bohnen zum Gemüse geben. 1 Tasse von der Kochbrühe abnehmen, den Mais damit verrühren und unter das Gemüse rühren. Einmal aufkochen lassen und die Kochplatte ausschalten.

7 Die Tomaten grob würfeln, unter das Gemüse heben und etwa 3 Minuten ziehen lassen.

8 Das restliche Öl und die Kräuter unterrühren, den Knoblauch dazupressen. Das Bohnenragout mit Salz und Pfeffer abschmecken. Den Käse raspeln und dazu servieren.

Wirsingröllchen mit Buchweizenfüllung

Zutaten für 4 Personen:

*12 mittelgroße und 12 kleinere
  Wirsingblätter (insgesamt
  etwa 600 g)
800 ccm Wasser
2 Gemüsebrühwürfel
120 g Buchweizen
1 Teel. grob zerstoßener
  Koriander
80 g Haselnüsse
1 1/2 Eßl. Leinsamen
200 g Zwiebeln
2 Eßl. Butter
200 g kleine Egerlinge
2 Knoblauchzehen
3 Teel. Steinpilzbrühe
3 Eßl. frisch gehackte Petersilie
je 1 1/2 Teel. getrockneter
  Majoran und Thymian
frisch gemahlener schwarzer
  Pfeffer
Kräutersalz
4 Teel. Tomatenmark
4 Eßl. Sahne*

*Zum Garnieren:
4 kleine Egerlinge*

*Zubereitungszeit:
1 Stunde 20 Minuten,
davon
Arbeitszeit:
1 Stunde*

Tips:
Mit der Buchweizenmasse
können Sie auch Kohlrouladen
füllen oder die Füllung mit
2 Eßlöffeln zu Klößen formen
und als Beilage zu gedünste-
tem Gemüse wie Rosenkohl,
Schwarzwurzeln, Kohlrabi oder
Lauch servieren.
Wenn Sie Gäste erwarten,
können Sie die Röllchen schon
einige Zeit vorher soweit
vorbereiten, daß sie nur noch
gegart werden müssen.

1 Die Wirsingblätter gründlich lauwarm waschen. Die dicken
  Blattrippen keilförmig ausschneiden. Das Wasser mit den Brühwürfeln aufkochen. Die Blätter darin portionsweise etwa 3 Minuten
blanchieren und auf einem Sieb abtropfen lassen. Die Brühe
aufbewahren.

2 Den Buchweizen heiß
  abspülen und mit dem Koriander unter Umrühren trocken
rösten. 1/4 l Blanchierbrühe
zugießen. 1 Minute kochen und
etwa 10 Minuten auf der ausgeschalteten Kochplatte ausquellen lassen.

3 Die Nüsse im Blitzhacker
  mittelgrob hacken und mit
den Leinsamen unter Umwenden in einer Pfanne goldgelb
rösten. Auf einem Teller
abkühlen lassen.

4 Die Zwiebeln würfeln und in
  der Butter glasig braten.
Die vorbereiteten Pilze grob
hacken und mit den Zwiebeln
etwa 3 Minuten offen braten.
Den Knoblauch dazupressen,
die Steinpilzbrühe und die Petersilie unterrühren.

5 Die Zwiebel-Pilz-Masse und die Nüsse mit dem Buchweizen mischen. Mit dem Majoran, dem Thymian, Pfeffer und Salz herzhaft abschmekken.

6 Je 1 großes und 1 kleineres Wirsingblatt so aufeinanderlegen, daß sie sich an den unteren Rändern überlappen. Gut 1 Eßlöffel Füllung darauf geben, zusammenrollen, in eine große Pfanne legen und leicht salzen.

7 Das Tomatenmark mit 300 ccm Blanchierbrühe verrühren und seitlich an die Wirsingröllchen gießen. Die Röllchen etwa 15 Minuten bei mittlerer Hitze zugedeckt garen.

8 Die Wirsingröllchen auf 4 vorgewärmte Teller verteilen. Die Sauce etwas einkochen lassen, mit der Sahne verrühren und zu den Röllchen gießen. Die Egerlinge in Scheiben schneiden und darüber streuen.

Hirseplätzchen mit Grünkohl und Möhren

Zutaten für 2 Personen:

Für die Hirseplätzchen:
80 g Hirse
200 ccm Wasser
2 Teel. gekörnte Gemüsebrühe
35 g Butter
60 g Lauch
20 g Haselnüsse
75 g Tofu
1 großes Ei
1 Eßl. Vollkornbrösel
1 große Knoblauchzehe
1 Teel. Delikata
Meersalz
4 Eßl. Sesamsamen

Für das Grünkohl-Gemüse:
300 g Grünkohl
1 mittelgroße Zwiebel
20 g Butter
2 Teel. gekörnte Gemüsebrühe
200 g Möhren
2 frisch gehackte Liebstöckel-
blätter
4 Eßl. Sahne
1 Eßl. frisch gehackte Petersilie
frisch geriebene Muskatnuß
eventuell Meersalz

Zubereitungszeit:
1 Stunde 20 Minuten,
davon
Arbeitszeit:
55 Minuten

1 Die Hirse heiß abspülen, in das kochende Wasser schütten und etwa 5 Minuten bei schwacher Hitze kochen. Dann 15–20 Minuten auf der ausgeschalteten Kochplatte ausquellen lassen, bis alle Flüssigkeit aufgesogen ist.

2 Die gekörnte Brühe und 1 Eßlöffel Butter unterrühren. Die Hirse offen ausdampfen lassen.

3 Den Lauch putzen und gründlich waschen. Die weißen und hellgrünen Teile grob schneiden und mit den Nüssen und dem Tofu im Blitzhacker fein zerkleinern.

4 Die Tofumischung, das Ei, die Brösel, die durchgepreßte Knoblauchzehe und das Delikata unter die Hirse rühren. Mit Salz abschmecken und etwa 10 Minuten ruhen lassen.

5 Inzwischen den Grünkohl mehrmals gründlich in lauwarmen Wasser waschen. Die Blätter von den Stielen streifen und grob hacken.

6 Die Zwiebel würfeln und in 10 g Butter glasig braten. Den Grünkohl, die gekörnte Brühe und 1/2 Tasse Wasser zu den Zwiebeln geben und zugedeckt etwa 6 Minuten dünsten.

7 Die Möhren unter fließendem Wasser sauber bürsten und klein würfeln. Die Möhren und das Liebstöckel zum Grünkohl geben. 8–10 Minuten zugedeckt kochen, bis das Gemüse weich ist.

8 Die restlichen 10 g Butter, die Sahne und die Petersilie unterziehen. Das Gemüse mit Muskat und eventuell wenig Salz abschmecken.

9 Während das Gemüse kocht, von der Hirsemasse jeweils gut 1 Eßlöffel abstechen, zu handtellergroßen Küchlein formen und in dem Sesam panieren. Die Hirseplätzchen in 20 g Butter bei mittlerer Hitze von beiden Seiten hellbraun braten.

Tips:
Zu den Hirseplätzchen schmeckt auch Spinat, Bohnen-Tomaten-Gemüse, Tomatensauce oder Gemüsefrischkost mit Joghurt-Sahne-Sauce.

Sprossenküchlein mit Pilz-Sahnesauce

Zutaten für 2 Personen:

Für die Sprossenküchlein:
75 g Nacktgerste
50 g Bergkäse
50 g Haselnüsse
1 kleine Zwiebel
1 Eßl. frisch gehackte Kräuter
   (Petersilie und 2 Liebstöckelblätter)
1 Ei
2 Eßl. Grünkern, fein gemahlen
1/2 Teel. Schabzigerklee
Meersalz
Zum Braten: Butterschmalz

Für die Pilz-Sahne-Sauce:
150 g Egerlinge
1 1/2 Teel. Zitronensaft
75 g Zwiebeln
30 g Butter
1 Eßl. Grünkern, fein gemahlen
1/4 Gemüsebrühwürfel
2 Teel. Steinpilzbrühe
5 Eßl. Sahne
1 Eßl. frisch gehackte Petersilie
frisch gemahlener weißer
   Pfeffer
eventuell 1–2 Teel. trockener
   Sherry

Keimdauer:
3–4 Tage
Zubereitungszeit:
1 Stunde 10 Minuten,
davon
Arbeitszeit:
50 Minuten

1 Die Gerste 3–4 Tage keimen lassen, bis die Keime ungefähr so lang sind wie das Korn. Die Sprossen kalt abspülen und im Blitzhacker fein zerkleinern.

2 Den Käse mit 30 g Nüssen ebenfalls im Blitzhacker fein zerkleinern und unter die Gerste mischen.

3 Die Zwiebel fein würfeln und mit den Kräutern, dem Ei, dem Grünkern und dem Schabzigerklee zur Gerste geben. Mit Salz abschmecken. Den sehr weichen Teig etwa 30 Minuten ruhen lassen.

4 Inzwischen die Egerlinge kurz waschen und putzen. 2–3 kleine Pilze beiseite legen. Die übrigen fein hacken und mit dem Zitronensaft mischen.

5 Für die Sauce die Zwiebeln sehr fein würfeln und in 20 g Butter glasig braten. Die Pilze hinzufügen und 2–3 Minuten mitbraten.

6 Das Grünkernmehl mit 1/8 l Wasser verrühren, mit dem Brühwürfel zu den Pilzen geben und etwa 5 Minuten bei schwacher Hitze kochen.

7 Die restlichen 10 g Butter, die Steinpilzbrühe, die Sahne und die Petersilie unter die Sauce rühren. Mit Pfeffer und eventuell dem Sherry abschmecken.

8 Die zurückbehaltenen Pilze in Scheibchen schneiden, in die Sauce streuen und warmstellen.

9 Für die Küchlein die restlichen 20 g Nüsse mittelgrob hacken.

10 In einer großen Pfanne etwas Butterschmalz erhitzen. Jeweils 1 Eßlöffel Teig hineingeben, leicht verstreichen und mit den Nüssen bestreuen. Die Küchlein bei schwacher Hitze von beiden Seiten hellbraun backen, dabei eventuell noch etwas Butterschmalz zugeben.

Das schmeckt dazu:
Broccoli, Wirsinggemüse oder Kohlrabi.
Die Pilz-Sahne-Sauce paßt zu allen einfachen Getreidegerichten und zu Kartoffeln.

Tofubratlinge mit Sellerie-Möhren-Gemüse

Zutaten für 2 Personen:

Für die Bratlinge:
2 Eßl. Kürbiskerne
40 g Frühlingszwiebeln oder
  1/2 zarte Lauchstange
150 g Tofu
1 Eßl. Sojasauce
1 Ei
50 g Grünkern, fein gemahlen
Kräutersalz
frisch gemahlener schwarzer
  Pfeffer
2 Eßl. Vollkornbrösel
Zum Braten:
Butterschmalz

Für das Gemüse:
250 g Staudensellerie/Bleich-
  sellerie
200 g Möhren
3–4 Eßl. Gemüsebrühe oder
  Wasser
Kräutersalz

Für die Sauce:
20 g Dinkel, fein gemahlen
200 ccm Gemüsebrühe
1/2 Gemüsebrühwürfel
40 g Butter
1 Eßl. Crème fraîche
3 Eßl. frisch gehackte Petersilie
1 Teel. Zitronensaft
frisch gemahlener weißer
  Pfeffer

Zubereitungszeit:
1 Stunde 20 Minuten,
davon
Arbeitszeit:
50 Minuten

Tip:
Die kalten Tofubratlinge passen
auch gut aufs kalte Büffet oder
fürs Picknick. Servieren Sie dazu eine leichte Quarkmayon-
naise aus: 1 Eigelb, 2 1/4 Eßlöffeln Apfelessig, 1 Teelöffel
mittelscharfem Senf, 5 Eßlöffeln kaltgepreßtem, unraffiniertem Sonnenblumenöl, 3 Eßlöffeln Quark, 3 Eßlöffeln Joghurt,
100 g feingewürfelten Gewürzgurken oder milchsauren Gurken. Mit reichlich frisch gehackten Kräutern, Meersalz und
schwarzem Pfeffer würzen.

1 Die Kürbiskerne in einer Pfanne unter Umwenden knusprig
  rösten. Die Frühlingszwiebeln oder den Lauch putzen, waschen
und grob zerkleinern. Mit dem Tofu und den Kürbiskernen im Blitzhacker fein pürieren und in eine Rührschüssel füllen.

2 Die Tofumischung mit der
  Sojasauce, dem Ei und dem
Grünkern zu einer homogenen
Masse verrühren. Mit Salz und
Pfeffer würzen und etwa 30 Mi-
nuten bei Zimmertemperatur
zugedeckt ruhen lassen.

3 Inzwischen den Sellerie waschen und putzen, wenn nötig,
  harte Fasern auf der Außenseite der Stangen abziehen. Einige
Sellerieblättchen zum Garnieren beiseite legen. Breite Stangen
längs halbieren, dann in 5 cm lange Streifen schneiden. Die
Möhren sauber abbürsten und in 4 mm dicke Streifen schneiden.
Das Gemüse in der Gemüsebrühe in 10–12 Minuten zugedeckt
bißfest dünsten, salzen und mit den Sellerieblättchen bestreuen.

4 Für die Sauce den Dinkel in einem kleinen Topf unter Umrühren rösten, bis er aromatisch duftet. Er darf aber nicht bräunen. Dann abkühlen lassen.

5 Die Gemüsebrühe mit dem Dinkel verrühren. Den Brühwürfel dazugeben und unter Umrühren etwa 2 Minuten kochen.

6 Die Butter in Stückchen schneiden und mit dem Schneebesen nach und nach unter die Sauce schlagen. Den Topf vom Herd nehmen. Die Crème fraîche und die Petersilie unterrühren. Die Sauce mit dem Zitronensaft und Pfeffer abschmecken.

7 Aus der Tofumasse 4 Küchlein formen und in den Vollkornbröseln panieren. In einer Pfanne etwas Butterschmalz erhitzen und die Küchlein bei schwacher Hitze von beiden Seiten langsam knusprig braten.

Paprikaschoten mit Sprossenfüllung

Zutaten für 4 Personen:

160 g Weizen
250 g junge Sommerzwiebeln
  mit Grün oder Frühlingszwiebeln
100 g Walnußkerne
200 g Egerlinge
35 g Butter
2 Teel. Steinpilzbrühe
8 Eßl. Wasser
100 g Sahne
1 Eßl. frischer Thymian
2 Eßl. frisch gehackte Kräuter
  (Petersilie und Liebstöckel)
Kräutersalz
frisch gemahlener schwarzer
  Pfeffer
4 große grüne Paprikaschoten
500 g reife Tomaten
2 Teel. gekörnte Gemüsebrühe
1 Eßl. kaltgepreßtes, unraffiniertes Olivenöl
2 Teel. getrockneter Oregano
40 g Allgäuer Emmentaler
4 Eßl. Crème fraîche

Zum Garnieren:
etwas Petersilie oder Thymian

Keimdauer:
3 Tage
Zubereitungszeit:
1 1/2 Stunden,
davon
Arbeitszeit:
50 Minuten

1 Den Weizen 3 Tage keimen lassen.

2 Die Sommer- oder Früh-lingszwiebeln waschen, putzen und fein schneiden. Die Nüsse mit einem schweren Messer grob hacken. Die Egerlinge kurz waschen und in Scheibchen schneiden.

3 30 g Butter in einer großen Pfanne erhitzen und die Zwiebeln kurz darin andünsten. Die Nüsse 1–3 Minuten mitbraten.

4 Die Pilze zu den Zwiebeln geben und etwa 5 Minuten in der geschlossenen Pfanne braten. Die Steinpilzbrühe einrühren und die Pfanne von der Kochstelle nehmen.

5 Die Weizensprossen in einem Sieb kalt abspülen und im Blitzhacker grob hacken. Die Sprossen mit dem Wasser, der Sahne und den Kräutern unter die Zwiebelmischung rühren. Mit Salz und Pfeffer kräftig abschmecken.

6 Den Backofen auf 200° vor-heizen. Eine Auflaufform mit der restlichen Butter ein-fetten. Sie soll so groß sein, daß die 8 Schotenhälften ne-beneinander darin Platz haben.

7 Die Paprikaschoten längs halbieren, die Innenwände und die Kerne entfernen. Die Schoten leicht salzen und mit der Sprossenmasse füllen.

8 Die Tomaten in kleine Würfel schneiden, dabei die grünen Stielansätze entfernen. Die Tomatenwürfel in die Auf-laufform füllen.

9 Die gekörnte Brühe, das Öl und den Oregano unter die Tomaten rühren. Die Paprika-schoten darauf setzen. Den Käse grob reiben und über die Schoten streuen.

10 Die Form in den Back-ofen schieben (unten) und die Schoten etwa 40 Mi-nuten backen, bis sie weich sind und die Oberfläche goldgelb ist.

11 Die Schoten aus der Form heben. Die Crème fraîche unter die Tomaten rühren und die Sauce ab-schmecken. Die Schoten darauf setzen und mit Thymian oder Petersilie garnieren.

Kichererbsenfladen mit Paprikacreme

Zutaten für 4 Personen:

Für die Kichererbsenfladen:
150 g Kichererbsen
250 g Tofu
8 Eßl. Sojamilch oder Wasser
70 g saure Sahne
70 g Crème fraîche
80 g Naturreis, fein gemahlen
2–3 Knoblauchzehen
2 Teel. Curry
1 Teel. Kumin/Kreuzkümmel
1/8 Teel. Cayennepfeffer
1/2–3/4 Teel. Meersalz
4 Eßl. kaltgepreßtes, unraffiniertes Olivenöl
4 Eßl. Sesamsamen

Für die Paprikacreme:
200 g Zwiebeln
2–3 Knoblauchzehen
4 Eßl. kaltgepreßtes, unraffiniertes Olivenöl
400 g reife Tomaten
400 g rote Paprikaschoten
1 Gemüsebrühwürfel
20 frisch gehackte Rosmarinnadeln
eventuell 1–2 Teel. Naturreis, fein gemahlen

2 Teel. Bohnenkraut und 2 Eßl. Oregano, frisch gehackt
1/2–1 Teel. rosenscharfes Paprikapulver
Meersalz

Keimdauer:
3–4 Tage
Zubereitungszeit:
1 Stunde 20 Minuten, davon
Arbeitszeit:
1 Stunde

1 Die Kichererbsen 3–4 Tage keimen lassen, bis die Keime etwa 1 cm lang sind.

2 Die Kichererbsensprossen abspülen, abtropfen lassen und mit dem Tofu im Blitzhacker fein zerkleinern. Das Püree in eine Schüssel geben.

3 Die Sojamilch oder das Wasser, die saure Sahne, die Crème fraîche und das Reismehl unter die Tofumischung rühren.

4 Die Knoblauchzehen dazupressen. Die Masse mit den Gewürzen und dem Salz pikant abschmecken. Den Teig 20–30 Minuten ruhen lassen.

5 Anschließend etwas Öl in einer großen Pfanne erhitzen. Jeweils 1 Eßlöffel Teig zu flachen Fladen verstreichen, mit Sesam bestreuen und andrücken. Die Fladen von beiden Seiten hellbraun backen, wenn nötig, noch etwas Olivenöl dazugeben.

6 Während der Teigruhe die Paprikacreme zubereiten: Die Zwiebeln und den Knoblauch fein hacken, dann in dem Öl glasig braten.

7 Die Tomaten grob würfeln, dabei die Stielansätze ausschneiden. Die Paprikaschoten halbieren und entkernen. Beides im Mixer pürieren.

8 Das Püree, den Brühwürfel und den Rosmarin zu den Zwiebeln geben. Im offenen Topf bei starker Hitze einkochen lassen, dabei gelegentlich umrühren. Wenn nötig, mit dem Reismehl binden. Die Kräuter unter die Creme rühren und diese mit dem Paprikapulver und Salz abschmecken.

Tips:
Die Paprikacreme paßt auch gut zu Pfannkuchen und als Pizzabelag.
Für schnelle Pizzabrote: Vollkornbrot von beiden Seiten leicht in Butter rösten. Paprikacreme dick aufstreichen, mit getrockneten Provence-Kräutern, Schafkäse und schwarzen Oliven bestreuen und kurz überbacken oder übergrillen.

Süße Getreidegerichte und Desserts

Es ist verblüffend, welche Vielfalt an süßen Gerichten und Desserts die Vollwertküche zu bieten hat. Und das alles mit naturbelassenen Zutaten, sonnengereiften Früchten und wenig Süßungsmittel, damit Sie die verlockenden Naschereien ohne Reue genießen können. Lassen Sie sich beim Blättern von den reizvollen Rezepten und den schönen Abbildungen anregen und probieren Sie Mandel-Krokanteis mit karamelisierten Orangen oder Johannisbeersoufflé mit Bananencreme – klingt das nicht verführerisch?

Obstauflauf mit Streuseln

Johannisbeersoufflé

Zutaten für 2–4 Personen:

100 g Weizen und 50 g Mais-
grieß, fein gemahlen
50 g grob gehackte Haselnüsse
60 g Vollrohrzucker
1/2 Teel. gemahlene Vanille
70 g Butterflöckchen
300 g reife Aprikosen
150 g halbreife Stachelbeeren
100–125 g rote Johannisbeeren
1–2 Eßl. Akazienhonig
Butter für die Form

Zubereitungszeit:
1 Stunde 10 Minuten,
davon
Arbeitszeit:
35 Minuten

1 Eine Pizzaform von 24 cm Ø
einfetten. Das Mehl mit den
Nüssen, dem Vollrohrzucker
und der Vanille in der Form
mischen.

2 Die Butterflöckchen über
die Mehlmischung streuen
und zu Streuseln verkrümeln.
Die Masse gleichmäßig in der
Form verteilen. Den Backofen
auf 200° aufheizen.

3 Die Aprikosen waschen,
halbieren, entkernen und
mit der Schnittfläche nach
unten mit etwas Abstand auf
die Streuselmasse legen.

4 Die Stachelbeeren waschen, putzen und in die
Zwischenräume füllen. Die
abgestreiften Johannisbeeren
darüber streuen.

5 Den Auflauf in den Backofen (Mitte) geben und
etwa 30 Minuten backen. Etwa
5 Minuten im ausgeschalteten
Backofen stehenlassen.
Mit dem Honig beträufeln.

Zutaten für 2–4 Personen:

Für das Soufflé:
100 g grobe Haferflocken,
möglichst frisch gequetscht
20 g Butter
5 Eßl. Vollrohrzucker
30 g gehackte Haselnüsse
250 g rote Johannisbeeren
(oder rote und schwarze
gemischt)
2 Eier
Butter für die Form

Für die Bananencreme:
100 g Quark
3 Eßl. Sahne
4–5 Eßl. Milch
1 Teel. Birnendicksaft
1 Teel. abgeriebene, unbehan-
delte Zitronenschale
1 kleine Banane

Zubereitungszeit:
1 Stunde,
davon
Arbeitszeit:
40 Minuten

1 Die Haferflocken in der
Butter unter Umwenden
goldgelb rösten. 2 Eßlöffel
Vollrohrzucker darüber streuen
und unter Umrühren leicht
karamelisieren lassen. Die
Nüsse daruntermischen.

2 Die Johannisbeeren waschen, abtropfen lassen und
von den Rispen streifen. Den
Backofen auf 200° vorheizen.
Eine Auflaufform einfetten.

3 Die Eier trennen. Die Eiweiße steif schlagen. Den restlichen Vollrohrzucker und
danach die Eigelbe unterschlagen, bis eine dickschaumige
Masse entstanden ist.

4 Zuerst die Flockenmischung
(bis auf 1 Eßlöffel), dann die
Beeren unter die Creme heben.
Die Masse in die Form füllen
und mit den zurückbehaltenen
Flocken bestreuen.

Äpfel unter der Haube

5 Das Soufflé in den Backofen (Mitte) geben und
etwa 30 Minuten backen.
Eventuell mit Pergamentpapier
abdecken, falls die Oberfläche
zu braun wird. Frisch aus dem
Ofen servieren, damit es nicht
zusammenfällt. Es schmeckt
aber auch kalt sehr gut.

6 Für die Bananencreme alle
Zutaten (bis auf die Banane)
verrühren. Die Creme gut
kühlen. Die Banane erst vor
dem Servieren fein zerdrücken
und unter die Creme rühren.

Tips:
Als Füllung für Pfannkuchen
zerkleinertes Obst unter die
Bananencreme heben. Für ein
schnelles Dessert die Creme
über beliebige Früchte füllen
und mit gerösteten Flocken
bestreuen.

Zutaten für 2–3 Personen:

100 g Quark
5 Eßl. Sahne
5 Eßl. Milch
2 Eigelb
2–4 Eßl. Akazienhonig
1/4 Teel. gemahlene Vanille
abgeriebene Schale von
*   1/2 unbehandelten Zitrone*
50 g Maisgrieß und 80 g
*   Weizen, fein gemahlen*
600 g Äpfel
2 Eßl. ungeschwefelte Rosinen
1/4 Teel. Ceylonzimt
2 Eiweiß
2 Eßl. blättrig geschnittene
*   Mandeln*
Butter für die Form

Zubereitungszeit:
1 Stunde 15 Minuten,
davon
Arbeitszeit:
45 Minuten

1 Den Quark mit der Sahne,
der Milch, den Eigelben,
2 Eßlöffeln Honig und den
Gewürzen cremig rühren. Die
Mehlmischung daruntermi-
schen. Den Teig 20–30 Minuten quellen lassen.

2 Eine Pizzaform von 24 cm Ø
einfetten. Die Äpfel vierteln,
entkernen und raspeln. Die
Rosinen und den Zimt damit
mischen. Die Masse gleichmäßig in der Form verteilen und
mit dem Löffelrücken zusammendrücken. Die Äpfel – je
nach Säuregehalt – eventuell
noch mit etwas Honig beträufeln.

3 Den Backofen auf 200°
vorheizen. Die Eiweiße steif
schlagen und unter den Teig
heben. Den Teig gleichmäßig
über den Äpfeln verteilen und
mit den Mandelblättchen
bestreuen.

4 Den Auflauf in den Backofen (unten) geben und
etwa 30 Minuten backen, bis
die Oberfläche fest und leicht
gebräunt ist.

Tips:
Frisch aus dem Backofen ist
der Apfelauflauf ein feines
Mittagessen. Er schmeckt aber
auch kalt mit Schlagsahne zu
Kaffee oder Tee sehr gut.
Im Herbst können Sie den
Auflauf auch mit Falläpfeln
backen, die naturgemäß
weniger aromatisch sind.
Sie schmecken lieblicher und
sanfter, wenn Sie noch 30 g
flüssige Butter
daruntermischen.

Süßer Kürbisauflauf

Zutaten für 4–6 Personen:

*60 g zerlassene lauwarme
   Butter
80 g milder Blütenhonig
2 Eier
6 Eßl. Sahne
1/4–1/2 Teel. Delifrut
2 Teel. frisch geriebene
   Ingwerwurzel
abgeriebene Schale von
   1 unbehandelten Zitrone
2 Eßl. Zitronensaft
150 g Weizen und 50 g Maisgrieß, fein gemahlen
50 g grob gehackte Haselnüsse
500 g Kürbis (vorbereitet
   gewogen)
2 Eßl. Kokosflocken
Butter für die Form*

*Zubereitungszeit:
1 Stunde 40 Minuten,
davon*
*Arbeitszeit:
40 Minuten*

1 Die Butter mit dem Honig, den Eiern, der Sahne, den Gewürzen, der Zitronenschale und dem Zitronensaft verrühren. Das Mehl und die Nüsse unterrühren. Den Teig etwa 30 Minuten quellen lassen.

2 Eine flache Auflaufform einfetten. Den Backofen auf 200° vorheizen.

3 Den Kürbis schälen und das weiche Innere entfernen. Das Kürbisfleisch grob raspeln und unter den Teig mischen. Die Masse in die Form füllen und mit den Kokosflocken bestreuen.

4 Den Auflauf in den Backofen (unten) schieben und 40–50 Minuten backen. Da der Kürbis sehr viel Feuchtigkeit abgibt, bleibt der Auflauf weich.

Stachelbeer-Crumble

Zutaten für 2–4 Personen:

*60 g dunkles Vollkornbrot
60 g Haferflocken, möglichst
   frisch gequetscht
70 g Butter
6 Eßl. Vollrohrzucker
60 g Weizen, fein gemahlen
80 g mittelgrob gehackte
   Haselnüsse
1/2 Teel. Ceylonzimt
600 g reife Stachelbeeren
4 Eßl. Sahne
2 Eiweiß
Butter für die Form*

*Zubereitungszeit:
1 Stunde 10 Minuten,
davon*
*Arbeitszeit:
55 Minuten*

1 Das Brot im Blitzhacker mittelfein zerkleinern und mit den Haferflocken in 20 g Butter knusprig rösten. 4 Eßlöffel Vollrohrzucker dazugeben und unter Umrühren leicht karamelisieren lassen.

2 Die Pfanne von der Kochstelle nehmen, das Weizenmehl, die Nüsse und den Zimt daruntermischen. Die restliche Butter in Flöckchen darüber verteilen und alles mit einer Gabel verkrümeln.

3 Den Backofen auf 200° vorheizen. Eine flache Auflaufform einfetten.

4 Die Stachelbeeren waschen, putzen und unter die Krümelmasse mischen. Die Masse in die Form füllen und mit der Sahne beträufeln.

5 Den Auflauf im Backofen (Mitte) 15–20 Minuten backen.

Maisknödel mit Zwetschgenkompott

6 Inzwischen die Eiweiße steif schlagen, den restlichen Vollrohrzucker einrieseln lassen und weiterschlagen, bis eine dicke Schaummasse entstanden ist. Den Eischnee auf dem Auflauf verteilen und weitere 5–8 Minuten (oben) backen, bis das Baiser leicht gebräunt ist. Lauwarm servieren.

Varianten:
Der Auflauf schmeckt auch gut mit einer Mischung aus Rhabarber und Bananen, Rhabarber und Äpfeln oder nur mit Zwetschgen.
Die Baiserhaube können Sie auch weglassen und den Auflauf mit halbsteif geschlagener Sahne, einer Joghurt-Sahnesauce oder einer Bananencreme wie auf Seite 100 beschrieben servieren.

Zutaten für 2 Personen:

*500 g süße, reife Zwetschgen
    oder Pflaumen
etwa 2 Eßl. Birnendicksaft
1 Prise Ceylonzimt
100 ccm Milch
50 ccm Wasser
35 g Butter
Meersalz
100 g feiner Maisgrieß
50 g Haselnüsse
80 g trockener Schichtkäse
    oder Quark
1 Ei
1 1/2 Teel. Vollrohrzucker*

*Zubereitungszeit:
1 Stunde 20 Minuten,
davon
Arbeitszeit:
50 Minuten*

1 Die Zwetschgen entsteinen, achteln und mit dem Birnendicksaft und dem Zimt verrühren. Etwa 30 Minuten zugedeckt durchziehen lassen.

2 Die Milch, das Wasser, 30 g Butter und 1 Prise Salz in einem kleinen Topf aufkochen. Den Maisgrieß hineinschütten. Unter Umrühren kochen, bis sich die Masse als Kloß vom Topf löst und sich auf dem Topfboden ein weißlicher Belag gebildet hat. Den Topf von der Kochstelle nehmen.

3 30 g Nüsse im Blitzhacker fein zerkleinern und mit dem Schichtkäse und dem Ei verrühren. Die Creme unter den Maisbrei rühren und etwa 20 Minuten ruhen lassen.

4 Die restlichen Nüsse mittelgrob hacken und in der restlichen Butter goldgelb rösten. Den Vollrohrzucker darüberstreuen und unter Umrüh-

ren karamelisieren. Auf einen Teller schütten und abkühlen lassen.

5 1 1/2 l leicht gesalzenes Wasser in einem breiten Topf aufkochen. Aus der Maismasse mit nassen Händen pflaumengroße Knödel formen und im offenen Topf bei schwacher Hitze in 15–20 Minuten garziehen lassen.

6 Die Knödel mit dem Schaumlöffel herausnehmen, abtropfen lassen und auf eine vorgewärmte Platte legen. Die gerösteten Nüsse darüber streuen. Das Zwetschgenkompott dazu servieren.

Kleine Birnenstrudel

Zutaten für 6 Personen:

100 ccm warmes Wasser (40°)
30 g Butter
260 g Dinkel, sehr fein
   gemahlen
1 Teel. kaltgepreßtes, unraffiniertes Sonnenblumenöl
100 g dunkles Vollkornbrot
100 g Mandeln
100 g getrocknete, nicht
   konservierte Zwetschgen
je 50 g getrocknete, ungeschwefelte Äpfel und
   Aprikosen
1/2 Teel. Ceylonzimt
1 Prise gemahlene Gewürz-
   nelken
800 g Birnen
20 g zerlassene Butter
1 Eßl. Birnendicksaft, mit
   1 Eßl. Wasser verquirlt
2 Eßl. Mandelblättchen
Butter für die Form

Zubereitungszeit:
2 1/4 Stunden,
davon
Arbeitszeit:
1 1/2 Stunden

Tips:
Zum Birnenstrudel schmeckt
eine Ingwer-Zitronensauce ganz
ausgezeichnet:
Verrühren Sie dazu 125 g
Crème fraîche mit 100 g
Joghurt, 2 Teelöffeln Birnen-
dicksaft, der abgeriebenen
Schale von 1 unbehandelten
großen Zitrone und 1 g Johan-
nisbrotkernmehl. Schmecken
Sie die Sauce mit 1–1 1/2
Teelöffeln frisch feingeriebener
Ingwerwurzel und einigen
Tropfen Zitronensaft ab.

Strudel mit Dinkel gelingt
besser als mit Weizen: Der Teig
läßt sich dünner ausrollen und
reißt nicht so leicht. Das Getreide muß wirklich mehlfein gemahlen werden. Notfalls sollten
Sie etwas mehr Getreide mahlen und die Kleie absieben.

1 Das Wasser in eine Backschüssel gießen und die Butter darin zergehen lassen. Das Mehl (bis auf 2 Eßlöffel) dazuschütten. Den Teig mit der Küchenmaschine etwa 10 Minuten kneten, bis er sich als Kloß von der Schüssel löst.

2 Auf der Arbeitsfläche noch so viel Mehl unterkneten, bis der Teig elastisch und glänzend ist und nicht mehr klebt.

3 Den Teig zur Kugel rollen und dünn mit dem Öl bestreichen, damit er nicht austrocknet. Unter einem angewärmten Topf etwa 1 Stunde ruhen lassen. Eine rechteckige Auflaufform einfetten.

4 Das Brot im Blitzhacker fein zerkleinern und ohne Fett knusprig rösten. Die Mandeln mit den grob gewürfelten Trockenfrüchten im Blitzhacker fein hacken. Die Brösel, die Fruchtmischung und die Gewürze mischen.

5 Die Birnen waschen, abtrok-
knen, vierteln und entkernen. Möglichst mit der Schale
in feine Stäbchen schneiden.
Den Backofen auf 220° vorheizen.

6 Aus dem Teig 6 glatte
Kugeln kneten. Jede Portion
auf einem leicht bemehlten
Küchentuch so dünn wie
möglich ausrollen.

7 Den Teig mit zerlassener Butter bestreichen und mit der
Fruchtmischung bestreuen. Die Birnen so darauf verteilen, daß
die Ränder ringsum 2 cm frei bleiben. Die Ränder an den Längssei-
ten nach innen schlagen. Die Strudel von der unteren Schmalseite
zusammenrollen und den oberen Rand fest andrücken. Die Strudel
in die Form heben, mit dem Birnendicksaft bestreichen und mit
den Mandelblättchen bestreuen. Die Strudel im Backofen (Mitte) in
etwa 30 Minuten goldbraun backen.

Maispfannkuchen

Zutaten für 2–4 Personen:

120 g Maisgrieß, mit 30 g
    Weizen fein gemahlen
200 ccm Milch
100 ccm Wasser
2 Teel. Vollrohrzucker
1 Teel. abgeriebene unbehan-
    delte Zitronenschale
2 Eier
Butter zum Braten
500 g reife süße Brombeeren
1–2 Eßl. milder Blütenhonig

Zubereitungszeit:
1 Stunde,
davon
Arbeitszeit:
30 Minuten

1 Die Mehlmischung mit der
Milch und dem Wasser
verrühren. Den Vollrohrzucker
und die Zitronenschale unterrühren und den Teig etwa
30 Minuten quellen lassen.

2 Die Eier trennen. Die
Eigelbe unter den Teig
rühren. Die Eiweiße steif
schlagen und unterheben.

3 Etwas Butter in einer
großen Pfanne zerlassen.
Jeweils 2 Eßlöffel Teig darin zu
kleinen Küchlein verstreichen.
Bei schwacher Hitze in der geschlossenen Pfanne zuerst von
einer Seite backen, umdrehen
und mit etwas Butter auf der
anderen Seite offen fertigbacken.

4 Die Brombeeren mit dem
Pürierstab zerkleinern und
mit dem Honig süßen. Die
Sauce zu den Pfannkuchen servieren.

Haferspeise mit Sahne

Zutaten für 2–4 Personen:

130 g Nackthafer
190 ccm Wasser
1/4 Teel. Ceylonzimt
abgeriebene Schale von 1/2
    unbehandelten Zitrone
2 Eßl. ungeschwefelte Rosinen
50 g Mandeln oder Pistazien
1 mittelgroßer Apfel
1 mittelgroße Birne
2 Teel. Zitronensaft
8 Eßl. Sahne
2 Eßl. Joghurt

Einweichzeit:
6–10 Stunden
Arbeitszeit:
25 Minuten

1 Den Hafer in einem Sieb
kalt abspülen, dann in dem
Wasser 6–10 Stunden einweichen.

2 Den Hafer in der Quellflüssigkeit 1 Minute kochen.
Dann etwa 10 Minuten auf der

ausgeschalteten Kochplatte
nachquellen lassen. Den Zimt
und die Zitronenschale unterrühren.

3 Inzwischen die Rosinen in
3 Eßlöffeln lauwarmem
Wasser quellen lassen. Die
Mandeln hobeln oder grob
hacken.

4 Den Apfel und die Birne
vierteln, entkernen, in
Scheibchen schneiden und mit
dem Zitronensaft beträufeln.

5 Den Hafer mit den Rosinen,
den Mandeln (bis auf 1 Eßlöffel) und dem Obst mischen
und in eine Schüssel füllen.

6 Die Sahne steif schlagen,
dann den Joghurt unterrühren. Die Joghurtsahne über die
Haferspeise geben und die zurückbehaltenen Mandeln
darüber streuen.

Bananen-Kirsch-Reis

Zutaten für 2 Personen:

60 g (Rundkorn-)Naturreis
200 ccm Wasser
2 Eßl. Kokosflocken
250 g süße Kirschen
4 Eßl. Milch
2 Teel. Vollrohrzucker
abgeriebene Schale von 1/2
unbehandelten Zitrone
50 g Sahne
1 mittelgroße Banane

Arbeitszeit:
30 Minuten

1 Den Reis mittelgrob bis grob schroten und in dem Wasser unter Umrühren etwa 2 Minuten kochen. Auf der ausgeschalteten Kochplatte 15–20 Minuten ausquellen lassen.

2 Inzwischen die Kokosflocken in einer Pfanne unter Umwenden hellbraun rösten. Die Kirschen waschen, abtropfen lassen und entkernen.

3 Die Milch, die Kokosflocken, den Vollrohrzucker und die Zitronenschale unter den Reis rühren. Die Sahne steif schlagen und unterheben.

4 Ein Drittel der Banane in Scheiben schneiden und beiseite stellen, die übrige Banane würfeln und mit den Kirschen unter den Reis mischen (einige Kirschen zum Garnieren zurücklassen). Den Reis auf Desertteller verteilen und mit den Bananenscheiben und den Kirschen garnieren.

Variante:
Reisbrei mit Zucker und Zimt: Den Reis wie oben kochen und 4 Eßlöffel Milch unterrühren. Mit flüssiger Butter beträufeln und mit Vollrohrzucker und Zimt bestreuen.

Hirse mit Zwetschgen

Zutaten für 2 Personen:

60 g Hirse
200 ccm Wasser
150–200 g reife aromatische
*   Zwetschgen*
etwa 2 Eßl. Honig
10 Walnußkerne
1/4 Teel. Ceylonzimt
60 g Sahne

Arbeitszeit:
25 Minuten

1 Die Hirse in einem Sieb heiß abspülen, dann in dem Wasser etwa 2 Minuten zugedeckt kochen. Auf der ausgeschalteten Kochplatte etwa 20 Minuten ausquellen lassen, bis die Flüssigkeit völlig aufgesogen ist.

2 Inzwischen die Zwetschgen waschen, entkernen und vierteln. Wenn nötig, die Früchte mit etwas Honig beträufeln und durchziehen lassen. Die Walnüsse grob hacken.

3 Die lauwarme Hirse mit 1 Eßlöffel Honig süßen und mit dem Zimt würzen, dann völlig auskühlen lassen.

4 Die Sahne steif schlagen und unter die Hirse ziehen. Die Hirsecreme auf zwei Desserteller verteilen und die Zwetschgen rundherum legen. Die Nüsse darüber streuen.

Variante:
Das Dessert schmeckt auch gut, wenn Sie die Hirse durch groben Maisgrieß und die Zwetschgen durch beliebiges anderes Obst ersetzen.

Dinkelcreme mit Orangen

Schokoladencreme

Zutaten für 2 Personen:

40 g Dinkel, fein gemahlen
150 ccm Wasser
25 g Haselnüsse
1 unbehandelte Orange
6 Eßl. Sahne
1 Eßl. Akazienhonig
1 Eigelb (von 1 kleinen Ei)
1/4 Teel. Ceylonzimt
1/4 Teel. gemahlene Vanille
1 Eiweiß

Arbeitszeit:
30 Minuten
Kühlzeit:
20 Minuten

1 Das Dinkelmehl in das Wasser rühren und unter ständigem Rühren bei mittlerer Hitze zu einem dicken Brei kochen. Den Topf von der Kochstelle nehmen und den Brei etwas abkühlen lassen.

2 Inzwischen die Nüsse reiben. Die Orange heiß abwaschen, abtrocknen und die Schale fein abreiben.

3 Die Sahne, den Honig, das Eigelb, die Nüsse, die Hälfte der Orangenschale und die Gewürze unter den Dinkelbrei rühren und diesen auskühlen lassen.

4 Inzwischen die Orange sorgfältig schälen, in Spalten teilen und diese in kleine Stücke schneiden. Die Orangenstücke auf 2 Dessertteller verteilen; einige Stücke zum Garnieren zurücklassen.

5 Das Eiweiß steif schlagen und unter die Creme heben. Die Creme über die Orangen füllen und mit den übrigen Orangenstücken und der restlichen Orangenschale verzieren. Gut gekühlt servieren.

Zutaten für 4 Personen:

1 1/2 Eßl. ungeschwefelte Rosinen
1 1/2 Eßl. Rum oder Orangensaft
80 g Dinkel, fein gemahlen
300 ccm Wasser
50 g Mandeln
8 Eßl. Milch
3 Eßl. Akazienhonig
2 Teel. dunkler Kakao (schwach entölt)
2 Eßl. Carob
1/4 Teel. Ceylonzimt
1/2 Teel. gemahlene Vanille
120 g Sahne

Arbeitszeit:
30 Minuten
Kühlzeit:
20 Minuten

1 Die Rosinen mit einem großen Messer grob hacken und in dem Rum oder dem Orangensaft zugedeckt ziehen lassen.

2 Inzwischen das Dinkelmehl mit dem Wasser verrühren und unter ständigem Rühren bei mittlerer Hitze zu einem dikken Brei kochen. Den Topf von der Kochstelle nehmen.

3 Die Mandeln im Blitzhacker mittelgrob hacken. Die Milch, den Honig, die Mandeln, den Kakao, das Carob, die Gewürze und die Rosinen unter den Dinkelbrei rühren. Die Creme gut kühlen.

4 Die Sahne steif schlagen und spiralförmig unter die Creme ziehen, so daß eine Marmorierung entsteht.

Apfel-Bananen-Dessert

Kiwi-Rhabarber-Kompott

Zutaten für 4 Personen:

1 Eßl. Butter
je 1 Eßl. Sonnenblumenkerne,
Kokosflocken, Sesamsamen,
grob gehackte Mandeln und
Haselnüsse
1 Eßl. Haferflocken, möglichst
frisch gequetscht
2 Orangen
300 g säuerliche Äpfel
2 mittelgroße Bananen
100 g Sahne

Arbeitszeit:
30 Minuten

1 Die Butter in einer Pfanne
zerlassen. Die Sonnen-
blumenkerne, die Kokosflok-
ken, den Sesam, die Mandeln,
die Nüsse und die Haferflocken
hineingeben. Unter Umwenden
bei schwacher Hitze goldgelb
rösten. Die Mischung auf
einem Teller auskühlen lassen.

2 1 Orange schälen und
filetieren. Die Filets quer
halbieren und in eine Schüssel
geben. Die Äpfel vierteln,
entkernen und in Scheibchen
schneiden. Die Bananen
ebenfalls in Scheiben schneiden.

3 Die zweite Orange auspressen, den Saft über die
Früchte gießen und alles
vorsichtig mischen. Das Obst
auf 4 Dessertteller verteilen.

4 Die Sahne halbsteif schlagen. Die Knuspermischung
über das Obst streuen und die
Sahne darüber löffeln.

Tip:
Die Knuspermischung paßt zu
vielen Desserts und zu Eis.
Deshalb lohnt es sich, eine
größere Menge zuzubereiten.
Im Kühlschrank hält sie sich
etwa 3 Wochen.

Zutaten für 4 Personen:

400 g Rhabarber
80 ccm naturtrüber Apfelsaft
1/2 Teel. Agar-Agar
1 Eßl. Akazienhonig
1 Teel. abgeriebene, unbehan-
delte Zitronenschale
4 Kiwis
100 g Sahne
2 kleine Bananen
1 Prise Ceylonzimt

Arbeitszeit:
25 Minuten
Kühlzeit:
1 Stunde

1 Den Rhabarber waschen
und putzen, ältere Stangen
schälen. Dicke Stangen längs
halbieren, dann in 2 cm lange
Stücke schneiden.

2 Den Apfelsaft mit dem
Agar-Agar in einem breiten
Topf verrühren. Den Rhabarber
dazugeben und aufkochen,
dann auf der ausgeschalteten

Kochplatte etwa 5 Minuten
ziehen lassen. Die Stücke
sollen noch bißfest sein, sie
dürfen nicht zerfallen.

3 Das Rhabarberkompott
etwas abkühlen lassen, mit
dem Honig süßen und mit der
Zitronenschale würzen. Die
Kiwis schälen, halbieren und in
Scheiben schneiden. Die Kiwi-
scheiben unter den Rhabarber
mischen und etwa 1 Stunde
kalt stellen.

4 Die Sahne steif schlagen.
Die Bananen mit einer
Gabel zerdrücken. Das Püree
unter die Sahne ziehen.

5 Das Kompott in 4 Dessertschalen verteilen. Die Bananensahne darauf geben und mit
dem Zimt bestäuben.

Mandel-Krokant-Eis mit karamelisierten Orangen

Zutaten für 6 Personen:

Für das Mandel-Krokant-Eis:
100 g gehäutete, grob gehackte
  Mandeln
1 Eßl. Butter
5 1/2 Eßl. Vollrohrzucker
2 große Eier
250 g Sahne

Für die Orangenscheiben:
2 kleine und 2 große unbehandelte Orangen
4 Teel. Zitronensaft
2 Prisen Ceylonzimt
2 Prisen gemahlene Gewürz-
  nelken
2 Eßl. Vollrohrzucker
eventuell etwas Schlagsahne
  zum Garnieren

Arbeitszeit (für das Eis):
30 Minuten
Kühlzeit:
4 Stunden
Für die Fertigstellung:
25 Minuten

Tips:
Da Vollrohrzucker manchmal
etwas klumpt, sollten Sie ihn
gegebenenfalls vor der Verwendung durchsieben.
Der helle Ceylonzimt paßt
besonders gut zu Desserts und
feinem Gebäck. Er schmeckt
süßlich, fein-aromatisch und
nicht bitter. Dagegen ist der rot-
braune Kassia-Zimt, bei uns im
allgemeinen als Zimtpulver
angeboten, derber im Ge-
schmack, kräftig-würzig und
leicht herb-bitter. Er ist Be-
standteil vieler Curry-Mischun-
gen. Ceylon-Zimt bekommen
Sie im Reformhaus und in
vielen Naturkostläden.
Abgeriebene Schalen von
unbehandelten Zitronen und
Orangen (ebenso auch frisch
geriebene Ingwerwurzel)
können Sie gut in Honig konservieren und als feine Würze für
Süßspeisen und Gebäck
verwenden. Im Kühlschrank
aufbewahren.

1 Die Mandeln bei schwacher
  Hitze unter Umwenden
goldgelb rösten. Knapp die
Hälfte davon fein reiben und
beiseite stellen.

2 Die Butter in einer Pfanne
  zerlassen. 3 1/2 Eßlöffel
Vollrohrzucker und die grob
gehackten Mandeln hinein-
streuen. Bei schwacher Hitze
unter Rühren rösten, bis der
Vollrohrzucker karamelisiert ist.
Die Mandeln auf einem Teller
abkühlen lassen.

3 Die Eier trennen. Die Eiweiße steif schlagen. 2 Eßlöffel
Vollrohrzucker und die Eigelbe
nacheinander unterrühren und
1–2 Minuten weiterschlagen,
bis eine feste, cremige Masse
entstanden ist.

4 Die Sahne steif schlagen.
  Die gemahlenen Mandeln
und den Mandelkrokant (bis auf
1 Eßlöffel) zur Sahne geben.
Die Eicreme darüber füllen und
locker unterheben. Die Masse
im Gefriergerät etwa 4 Stunden
durchfrieren lassen.

5 Das Eis 15 Minuten vor dem
  Servieren aus dem Gefriergerät nehmen. Die Orangen
heiß abwaschen, abtrocknen
und die Schale fein abreiben.
Die beiden kleinen Orangen
auspressen. Den Saft mit 4 Teelöffeln Orangenschale, dem
Zitronensaft, dem Zimt und
dem Nelkenpulver verrühren.

6 Die beiden großen Orangen schälen, dabei auch die weiße Haut sorgfältig entfernen. Jede Frucht in 6 Scheiben schneiden.

7 Den Vollrohrzucker in einer großen Pfanne bei mittlerer Hitze schmelzen und hellbraun werden lassen; dabei nicht umrühren. Den Orangensaft dazugießen und aufkochen. Die Orangenscheiben hineinlegen und heiß werden lassen. Die Kochplatte ausschalten. Die Scheiben wenden und etwa 2 Minuten ziehen lassen. Auf jeden Teller 2 Orangenscheiben legen. Den Saft darübergeben.

8 Mit einem Eisportionierer vom Krokanteis Kugeln abstechen und auf den Orangenscheiben anrichten. Den zurückbehaltenen Mandelkrokant darüber streuen. Das Desert eventuell mit einer Sahnerosette verzieren.

Reisflammeri auf Obst

Birnen mit Schoko-Schaum

Zutaten für 4 Personen:

200 ccm Wasser
200 ccm Milch
3–4 Eßl. Akazienhonig
abgeriebene Schale von
*   1/2 unbehandelten Zitrone*
2 Teel. Agar-Agar
100 g (Rundkorn-)Naturreis,
*   fein gemahlen*
6 Eßl. Sahne
400 g reife Erdbeeren
1 vollreife Mango (etwa 300 g)

Arbeitszeit:
30 Minuten
Kühlzeit:
2 Stunden

1 Das Wasser, die Milch, 2 Eßlöffel Honig und die Zitronenschale in einen Kochtopf geben. Das Agar-Agar und das Reismehl hineinrühren.

2 Unter Umrühren zu einem dicken Brei kochen. Den Topf von der Kochstelle nehmen und die Sahne hinein-

rühren. Den Flammeri etwa 2 Stunden kalt stellen.

3 Die Erdbeeren mit dem Pürierstab pürieren und nach Geschmack mit dem restlichen Honig süßen.

4 Das Erdbeerpüree auf 4 Dessertteller gießen. Von der Reismasse mit einem nassen Eßlöffel Schollen abstechen und auf das Erdbeerpüree setzen.

5 Die Mango schälen und das Fruchtfleisch in Spalten vom Stein schneiden. Das Dessert mit den Mangostreifen garnieren.

Tips:
Sie können den Flammeri auch in kalt ausgespülte Portionsförmchen füllen und nach dem Erstarren stürzen. Probieren Sie das Dessert auch mit Himbeerpüree und Nektarinen.

Zutaten für 4 Personen:

2 Eßl. Haferflocken, möglichst
*   frisch gequetscht*
2 Eßl. Mandelblättchen
1/2 Eßl. Butter
150 g Sahne
1 Eiweiß
3/4 Eßl. Akazienhonig
3 Teel. dunkler Kakao (schwach
*   entölt) oder 4 Teel. Carob*
2 Messerspitzen Ceylonzimt
4 reife, aromatische Birnen
1–2 Eßl. Birnendicksaft

Arbeitszeit:
25 Minuten
Kühlzeit:
30 Minuten

1 Die Haferflocken und die Mandeln in der Butter unter Umwenden leicht rösten und beiseite stellen.

2 Die Sahne steif schlagen. Das Eiweiß steif schlagen. Den Honig langsam in den Eischnee hineinlaufen lassen,

dabei weiterschlagen, bis eine dicke Schaummasse entstanden ist. Den Kakao oder das Carob und den Zimt darunterschlagen. Den Eischaum unter die Sahne heben und etwa 30 Minuten kalt stellen.

3 Vor dem Servieren die Birnen waschen, abtrocknen, vierteln und entkernen. Die Birnen in schmale Spalten schneiden und auf 4 Desserttellern fächerförmig anordnen. Mit dem Birnendicksaft beträufeln.

4 Den Schokoladenschaum über den Birnen verteilen und mit der Mandelmischung bestreuen.

Tip:
Den Schokoladenschaum können Sie auch einfrieren und als Schokoladeneis servieren.

Melonen-Cocktail

Zutaten für 2 Personen:

30 g Mandeln
1 reife Honigmelone
(etwa 600 g)
1 große Nektarine
50 g Monatserdbeeren, kleine
süße Erdbeeren oder dunkle
Weintrauben
1 Eßl. Birnendicksaft
2 Eßl. Zitronensaft
1 Teel. Akazienhonig

Einweichzeit:
12 Stunden
Arbeitszeit:
35 Minuten
Kühlzeit:
30 Minuten

1 Die Mandeln etwa 12 Stunden in Wasser einweichen. Dann häuten und längs in Stifte schneiden.

2 Die Melone waschen, abtrocknen und quer im Zick-Zack-Schnitt halbieren. Die Hälften auseinandernehmen. Die Kerne entfernen.

3 Mit einem Kugelausstecher aus dem Fruchtfleisch der einen Hälfte Kugeln ausstechen und in eine Schüssel geben. Das Fruchtfleisch der anderen Hälfte aus der Schale lösen und anderweitig verwenden.

4 Die Nektarine entkernen, in Würfel schneiden und zu den Melonenkugeln geben. Die Erdbeeren oder die Weintrauben (halbiert und entkernt) und die Mandeln (bis auf 1 Eßlöffel) hinzufügen.

5 Den Birnendicksaft, den Zitronensaft und den Honig verrühren und über das Obst gießen. Zugedeckt etwa 30 Minuten kühlen.

6 Kurz vor dem Servieren die Früchte vorsichtig mischen und in die Melonenhälften füllen. Die restlichen Mandeln darüber streuen.

Pfirsiche mit Mandelsauce

Zutaten für 4 Personen:

30 g geschälte Mandeln
1 Eigelb
3/4 Eßl. Akazienhonig
1/4 Teel. gemahlene Vanille
1/8 l Milch
1/4 Teel. Agar-Agar
100 g Sahne oder halb Milch,
halb Sahne
4 große, reife Pfirsiche
100 g Himbeeren
100 g schwarze Johannis-
beeren

Arbeitszeit:
40 Minuten

1 Die Mandeln unter Umwenden in einer Pfanne hellgelb rösten, dann im Blitzhacker sehr fein zerkleinern.

2 Das Eigelb mit dem Honig und der Vanille in einem schmalen, hohen Rührbecher cremig schlagen.

3 Die Milch mit den Mandeln und dem Agar-Agar bis zum Siedepunkt erhitzen und nach und nach unter die Eicreme rühren. Die Mischung im heißen Wasserbad (oder bei schwächster Einstellung auf der Kochplatte) so lange schlagen, bis sie dicklich wird, dabei aber nicht kochen.

4 Die Masse im kalten Wasserbad abkühlen lassen. Die Sahne unterrühren.

5 Die Pfirsiche halbieren, entsteinen und in schmale Schnitze schneiden.

6 Die Schnitze fächerartig auf 4 Desserttellern anordnen, die Mandelsauce darüber löffeln und mit den vorbereiteten Beeren garnieren.

Quark mit Erdbeeren

Obstsalat mit Eissauce

Zutaten für 2 Personen:

125 g Quark
1 Eßl. Milch
1/2 Eßl. Birnendicksaft
*3/4 Teel. abgeriebene unbe-
handelte Zitronenschale*
2 Teel. Zitronensaft
1 mittelgroße Banane
80 g Sahne
*150–200 g reife Erdbeeren (am
besten Monatserdbeeren)
eventuell Akazienhonig*

Zum Garnieren:
Zitronenmelisse

Arbeitszeit:
20 Minuten
Kühlzeit:
30 Minuten

1 Den Quark mit der Milch,
dem Birnendicksaft, der
Zitronenschale und dem Zitronensaft cremig rühren.

2 Die Banane mit einer Gabel
fein zerdrücken und unter
den Quark rühren.

3 Die Sahne steif schlagen
und unterheben. Die Quarkcreme etwa 30 Minuten kühlen.

4 Die Erdbeeren eventuell
waschen und die grünen
Blütenansätze entfernen.
Größere Früchte halbieren oder
vierteln. Die Erdbeeren eventuell mit etwas Honig beträufeln und einige Minuten ziehen
lassen.

5 Die Quarkcreme auf 2 Des-
sertteller verteilen und die
Erdbeeren darüber geben. Mit
Melisseblättchen garnieren.

Das schmeckt dazu:
Waffeln (Rezept auf Seite 115)
oder Mürbeteigplätzchen.

Zutaten für 4–5 Personen:

Für das Vanilleeis:
200 g Sahne
2 Eigelb
50 g Akazienhonig
1/2 Teel. gemahlene Vanille

Für den Obstsalat:
1 Orange
3 Scheiben frische Ananas
2 Kiwis
1 säuerlicher Apfel
Saft von 1/2 Zitrone
1 Eßl. Akazienhonig
*2 Eßl. Orangenlikör oder -saft
und 1/2 Teel. abgeriebene
unbehandelte -schale*
4–6 Mandelmakronen
*1 Eßl. geröstete Mandel-
blättchen*

Zubereitungszeit:
*1 Stunde 20 Minuten,
davon*
Arbeitszeit:
50 Minuten
Kühlzeit:
4 Stunden

1 Die Sahne steif schlagen
und in den Kühlschrank
stellen. Die Eigelbe mit dem
Honig und der Vanille in einem
schmalen, hohen Gefäß dick-
cremig rühren. Die Masse unter
die Sahne ziehen. Die Creme in
eine Metallschüssel füllen und
mit doppelt gefalteter Alufolie
verschließen. Das Eis im
Gefriergerät etwa 4 Stunden
durchfrieren lassen.

2 Die Orange sorgfältig
schälen, in Spalten teilen
und in Stücke schneiden. Die
Ananas in Stücke schneiden.
Die Kiwis schälen, halbieren
und in Scheiben schneiden.
Den Apfel vierteln, entkernen
und in Scheibchen schnitzeln.

3 Den Zitronensaft, den Honig
und den Orangenlikör ver-
rühren. Die Sauce über das
Obst gießen und alles vorsichtig mischen. 20–30 Minuten im
Kühlschrank zugedeckt durchziehen lassen.

Waffeln mit Himbeeren auf Joghurtsahne

4 Etwa 20 Minuten vor dem Servieren das Eis aus dem Gefriergerät nehmen. Die Makronen zerbröckeln und abwechselnd mit den Früchten in breite Dessertschalen füllen.

5 Das Eis mit dem Handrührgerät kurz cremig schlagen und über den Obstsalat füllen. Das Dessert mit den Mandelblättchen bestreuen und sofort servieren.

Tips:
Das Eis wird luftiger und ausgiebiger, wenn Sie noch 1–2 steifgeschlagene Eiweiß unter die Creme ziehen. Geschmacklich verändern läßt sich das Eis mit Kakao oder Carob, Zimt, Instant-Kaffee (in wenig Wasser aufgelöst), gerösteten Mandeln oder Nüssen sowie geriebener Ingwerwurzel.

Zutaten für 4 Personen:

Für die Mandelwaffeln:
5 g frische Hefe
70 ccm lauwarme Milch
100 g Dinkel, fein gemahlen
50 g Mandeln
20 g Butter
1 Eßl. Akazienhonig
3 Eßl. Sahne
3 Eßl. kohlensäurereiches
  Mineralwasser
1 großes Ei
2 Messerspitzen gemahlene
  Vanille
abgeriebene Schale von
  1/2 unbehandelten Zitrone

Für die Joghurtsahne:
300 g Joghurt
3 Eßl. Birnendicksaft
1 Meßlöffel Johannisbrotkern-
  mehl
abgeriebene Schale von
  1/2 unbehandelten Zitrone
150 g Sahne
einige Tropfen Zitronensaft
600 g Himbeeren

Zubereitungszeit:
1 1/4 Stunden,
davon
Arbeitszeit:
45 Minuten

1 Die Hefe in der Milch auflösen. Das Dinkelmehl unterrühren und den Teig zugedeckt etwa 10 Minuten gehen lassen.

2 Inzwischen die Mandeln fein mahlen. Die Butter bei schwacher Hitze schmelzen und abkühlen lassen.

3 Den Honig, die Sahne, das Mineralwasser, das Ei, die Mandeln, die Butter, die Vanille und die Zitronenschale unter den Teig rühren. Etwa 20 Minuten zugedeckt ruhen lassen.

4 Das Waffeleisen auf Stufe 1 aufheizen. 1 kleine Schöpfkelle Teig hineingeben.

Die Waffeln bei niedriger Einstellung goldbraun backen und anschließend auskühlen lassen.

5 Während der Teigruhe den Joghurt mit dem Birnendicksaft, dem Johannisbrotkernmehl und der Zitronenschale verrühren. Die Sahne steif schlagen und unterheben. Die Creme mit dem Zitronensaft abschmecken und kalt stellen, bis die Waffeln gebacken sind.

6 Die Himbeeren verlesen und auf die Joghurtsahne füllen. Die Waffeln dazu servieren.

Frühstücks-Ideen, Kleine Gerichte und Abendessen

Mit einem gesunden Frühstück, zum Beispiel einem Frischkornmüsli mit Früchten, fängt der Tag so richtig gut an. Und für den kleinen Hunger zwischendurch oder ein leichtes, vollwertiges Abendessen finden Sie in diesem Kapitel ebenfalls eine interessante Auswahl an schmackhaften Gerichten. Außerdem: Rezepte für saftiges Brot und Brötchen aus dem vollen Korn sowie für pikante und süße Brotaufstriche.

Frühlingsmüsli mit Gerste

Sommermüsli mit Dinkel

Zutaten für 2 Personen:

4–6 Eßl. Nacktgerste
2–3 ungeschwefelte getrocknete süße Aprikosen
4–6 Eßl. Milch
2 Eßl. Sahne
1 Apfel
1 Banane
2 dünne Stangen junger
  Rhabarber
1 Eßl. Haselnüsse

Keimdauer:
3–4 Tage
Arbeitszeit:
12 Minuten

1 Die Gerste 3–4 Tage keimen lassen, bis die Keime
2–3 mm lang sind.

2 Die Gerstensprossen in
einem Sieb abspülen und
abtropfen lassen. Die Aprikosen
waschen und mit den Gerstensprossen im Blitzhacker grob
hacken. Die Milch und die
Sahne unterrühren.

3 Den Apfel und die Banane
in dünne Scheiben schnei-
den. Die Rhabarberstangen
sehr fein schneiden. Das Obst
unter die Gerste mischen und
mit den grob gehackten
Nüssen bestreuen.

Tip:
Ein frisch gebrühter Kräuter-
oder Früchtetee ist die richtige
Begleitung durch einen »vollwertigen« Tag. Besonders zart
und duftig sind Tees aus frisch
gepflückten Blüten und Kräutern wie Weißdorn- und Holun-
derblüten, Schafgarbe (Blättchen und Blüten), Taubnessel-
und Oreganoblüten, Ringelblu-
men, Thymian, Zitronenthymian, Zitronenmelisse und den
Blättern der schwarzen
Johannisbeere: 1 Handvoll
Kräuter mit 3/4 l kochendem
Wasser überbrühen und nach
3–5 Minuten den zartgrünen
Tee abseihen. Eventuell 1 Eßlöffel Zitronensaft unterrühren.

Zutaten für 2 Personen:

4–6 Eßl. Dinkel
1 Eßl. Mandeln
4–6 Eßl. Milch, Sauermilch
oder Joghurt
2 Eßl. Sahne
1 reife Nektarine
200 g Himbeeren
100 g Erdbeeren
1 Eßl. Sonnenblumenkerne

Einweichzeit:
4–12 Stunden
Arbeitszeit:
10 Minuten

1 Den Dinkel grob schroten
und mit 6–8 Eßlöffeln Wasser zu einem dicken Brei verrühren. Zugedeckt bei Zimmertemperatur – an heißen Tagen
im Kühlschrank – 4–12 Stunden
quellen lassen. Die Mandeln
mit Wasser bedeckt so lange
wie den Dinkel quellen lassen;
sie schmecken dann viel
frischer.

2 Die Mandeln grob hacken
und mit der Milch und der
Sahne unter den Getreidebrei
rühren.

3 Die Nektarine in Scheibchen
schneiden. Die Himbeeren
verlesen. Die Erdbeeren halbieren oder vierteln. Einige schöne
Früchte zum Garnieren aufheben. Das Obst unter den Getreidebrei mischen. Die Sonnenblumenkerne darüber streuen und
das Müsli mit den zurückbehaltenen Früchten garnieren.

Tip:
Sie können den geschroteten
Dinkel auch sofort in Sauermilch oder Joghurt einweichen,
da Milchsäure keimtötend
wirkt. Dagegen darf Getreide
nie längere Zeit in Frischmilch
oder gar Fruchtsaft quellen. Es
beginnt dann zu gären und kann
Blähungen verursachen.

Herbstmüsli mit Hafer

Zutaten für 2 Personen:

4–6 Eßl. Nackthafer
6 Eßl. Wasser
6–8 Eßl. Milch, Sauermilch
  oder Joghurt
1 Apfel
1 Birne
6 Zwetschgen
6–8 Walnußkerne
1 Prise Ceylonzimt
2–3 Eßl. Sahne

Arbeitszeit:
15 Minuten

1 Den Hafer frisch zu Flocken quetschen oder mittelfein mahlen. Das Wasser und die Milch damit verrühren und etwa 10 Minuten quellen lassen.

2 Inzwischen den Apfel und die Birne entkernen und in Scheibchen schneiden. Die Zwetschgen vierteln und entkernen. Die Nüsse grob schneiden. Alles mit dem Zimt unter den Haferbrei mischen.

3 Das Frischkornmüsli auf 2 Tellern verteilen. Die Sahne halbsteif schlagen und über das Müsli geben.

Tips:
Da Hafer über 7 % Fett enthält, das schnell an der Luft oxidiert, wenn das Korn aufgebrochen ist, schmeckt Hafer bei längerem Einweichen bitter. Er wird deshalb – im Gegensatz zu den übrigen Getreidearten – nur kurz (etwa 10 Minuten) eingeweicht.
Das Müsli schmeckt auch gut, wenn Sie Hafer mit anderen geschroteten und eingeweichten oder gekeimten Getreidearten mischen. Statt Nüssen oder Mandeln können Sie auch Sonnenblumen- oder Kürbiskerne, Sesam, Cashew- oder Pinienkerne unters Müsli mischen.

Wintermüsli mit Weizen

Zutaten für 2 Personen:

4–6 Eßl. Weizen
2 Eßl. Sonnenblumenkerne
1 kleine rosa Grapefruit oder
  1 Orange
1 kleine Banane
1 Apfel
4 Eßl. Milch
2 Eßl. Sahne
2 frische oder getrocknete
  Datteln

Keimdauer:
3 Tage
Arbeitszeit:
15 Minuten

1 Den Weizen etwa 3 Tage, die Sonnenblumenkerne etwa 2 Tage keimen lassen.

2 Die Weizensprossen abspülen und in eine Schüssel füllen. Die Grapefruit sorgfältig schälen, zuerst in Spalten teilen, dann würfeln.

3 Die Banane und den Apfel in Scheibchen schneiden. Das Obst und die Milch mit den Weizensprossen mischen.

4 Das Frischkornmüsli in 2 Schälchen verteilen. Die Sahne halbsteif schlagen und darüber geben. Die Datteln in feine Streifen schneiden. Das Müsli mit den Dattelstreifen und den Sonnenblumensprossen bestreuen.

Tip:
Während der kalten Jahreszeit ist das Frischkornmüsli bekömmlicher, wenn es leicht temperiert ist. Stellen Sie deshalb die Schüssel während der Zubereitung in warmes Wasser und wärmen Sie eventuell die Milch leicht an.

Schrotbrei mit Apfelmus

Zutaten für 2 Personen:

Für den Weizenschrotbrei:
120 g Weizen, mittelgrob bis
   grob geschrotet
300 ccm Wasser
100 ccm Milch
40 g Nüsse oder Mandeln
1 Eßl. Butter
1/2 Eßl. Honig
1 Prise Ceylonzimt oder gemahlene Vanille

Für das rohe Apfelmus:
4 Eßl. Sahne
1 Banane
2 Teel. Zitronensaft
300 g Äpfel
1/2–1 Eßl. Birnendicksaft

Arbeitszeit:
35 Minuten

1 Den Weizen mit dem Wasser verrühren und unter
Umrühren etwa 5 Minuten
kochen. Dann den Brei etwa
20 Minuten auf der ausgeschalteten Kochplatte ausquellen
lassen.

2 Die Milch unterrühren. Die
Nüsse mittelgrob hacken
und mit der Butter und dem
Honig unter den Weizenbrei
rühren. Mit dem Zimt oder der
Vanille abschmecken.

3 Das Apfelmus wird zubereitet, während der Weizen
ausquillt: Die Sahne steif
schlagen. Die Banane mit dem
Zitronensaft beträufeln und mit
einer Gabel zerdrücken. Das
Püree unter die Sahne ziehen.

4 Die Äpfel möglichst mit der
Schale fein reiben, unter die
Bananensahne mengen und mit
dem Birnendicksaft süßen.

Tip:
Das Apfelmus schmeckt auch
zu Pfannkuchen oder Waffeln
sehr gut.

Nudelomelett mit Gemüse

Zutaten für 2 Personen:

je 1 grüne und gelbe Paprikaschote (200 g)
50 g Zwiebeln
1 kleine Knoblauchzehe
2 Eßl. kaltgepreßtes, unraffiniertes Olivenöl
125 g Zöpfli, Hörnchen oder
   kurze Bandnudeln
1 Teel. getrocknete Provence-
   Kräuter
1/2 Teel. getrockneter Oregano
Kräutersalz
2 Eier
150 g feste reife Tomaten
frisch gemahlener schwarzer
   Pfeffer
2 Eßl. frisch geriebener
   Parmesan

Arbeitszeit:
30 Minuten

1 Die Paprikaschoten waschen
und putzen. Die Zwiebeln
grob würfeln, den Knoblauch
fein hacken. Die Paprikaschoten in schmale Streifen schneiden.

2 Das Öl in einer Pfanne erhitzen und die Zwiebel, den
Knoblauch und die Schoten
darin zugedeckt in etwa 5 Minuten bißfest dünsten.

3 Gleichzeitig die Nudeln nach
Packungsvorschrift bißfest
kochen und in einem Sieb
abtropfen lassen.

4 Die Nudeln, die Gewürze
und knapp 1 Teelöffel Salz
mit dem Gemüse mischen. Die
verquirlten Eier darüber gießen.
Die grob gewürfelten Tomaten
darauf verteilen, leicht salzen
und pfeffern. Die Eier bei
schwacher Hitze stocken
lassen. Das Omelett mit dem
Käse bestreut servieren.

Apfelhirse mit Nüssen

Hafer mit Zwiebeln

Zutaten für 2 Personen:

120 g Hirse
300 ccm Wasser
5 Eßl. Sahne
1 1/2 Eßl. Honig
2 Teel. abgeriebene unbehandelte Zitronenschale
eventuell etwas Ceylonzimt oder gemahlene Vanille
1 großer Apfel
2 Eßl. Haselnüsse oder Mandeln
1 große Banane oder beliebiges anderes Obst

Zubereitungszeit:
35 Minuten,
davon
Arbeitszeit:
15 Minuten

1 Die Hirse heiß abspülen. Das Wasser aufkochen und die Hirse hineinrühren. Etwa 5 Minuten bei schwacher Hitze kochen und etwa 15 Minuten auf der ausgeschalteten Kochplatte ausquellen lassen.

2 Die Sahne, den Honig und die Zitronenschale unter die Hirse rühren. Nach Wunsch mit dem Zimt oder Vanillepulver würzen.

3 Den Apfel entkernen und mit den Nüssen oder Mandeln im Blitzhacker grob zerkleinern. Die Apfel-Nuß-Mischung unter die Hirse rühren.

4 Die Hirse auf 2 Teller geben. Die Banane in Scheiben schneiden, auf der Hirse verteilen und eventuell mit etwas Zimt bestäuben.

Tips:
Statt Hirse können Sie auch groben Maisgrieß (Kukuruz) verwenden.
Für Berufstätige – zum Mitnehmen: Das gesamte Obst erst vor dem Essen unter die Hirse mischen.

Zutaten für 4–5 Personen:

250 g Nackthafer
400 ccm Wasser
1 Eßl. Thymianblättchen
4 Teel. gekörnte Gemüsebrühe
100 g Mandeln
60 g Butter
500 g Frühlingszwiebeln
Meersalz
frisch gemahlener schwarzer Pfeffer

Einweichzeit:
6–10 Stunden
Arbeitszeit:
25 Minuten

1 Den Hafer kalt abspülen und in dem Wasser 6–10 Stunden einweichen. Dann den Hafer 1–2 Minuten kochen. Den Thymian und die gekörnte Brühe zugeben und den Hafer etwa 10 Minuten auf der ausgeschalteten Kochplatte ausquellen lassen.

2 Inzwischen die Mandeln mit einem großen Messer mittelgrob hacken. 1 Eßlöffel Butter in einer Pfanne erhitzen und die Mandeln unter gelegentlichem Wenden darin goldgelb rösten. Auf einem Teller abkühlen lassen.

3 Die Frühlingszwiebeln waschen, putzen und schräg in 1–2 cm breite Streifen schneiden. Etwas Zwiebelgrün beiseite legen. Die Zwiebeln in der restlichen Butter etwa 5 Minuten dünsten.

4 Die Mandeln unter den Hafer mischen und diesen mit Salz und Pfeffer würzen. Den Hafer in der Mitte einer vorgewärmten Platte aufhäufen. Die Zwiebeln als Kranz darumlegen. Das zurückbehaltene Zwiebelgrün fein schneiden und darüber streuen. Dazu paßt eine große Platte Gemüsefrischkost.

Vollkornbrot mit Sauerteig

Zutaten für 1 Brot von etwa 1200 g:

10 g frische Hefe
1 Beutel (150 g) flüssiger
   Natursauerteig
1/2 l handwarmes Wasser
1 Teel. Honig
400 g Roggen, fein gemahlen
375 g Weizen
2 Teel. Kümmel
2 Teel. Koriander
1 Teel. Anis
1 Teel. Fenchelsamen
2 Teel. Meersalz
Gewürze zum Bestreuen (nach
   Wahl): Kümmel, Koriander,
   Anis, Fenchel, Sesam, Leinsamen
Butter für die Form

Zubereitungszeit:
21 Stunden,
davon
Arbeitszeit:
30 Minuten

1 Die Hefe mit dem Sauerteig in einer großen Schüssel verrühren. Das Wasser, den Honig und das Roggenmehl unterrühren. Die Schüssel mit einem Tuch abdecken.

2 Den Backofen kurz auf etwa 30° aufheizen, ausschalten, die Backofenbeleuchtung eingeschaltet lassen. Den Teig im Backofen 16–17 Stunden gären lassen. Zwischendurch 1-bis 2 mal umrühren. Eventuell nochmals kurz auf 30° aufheizen.

3 3 Eßlöffel vom Vorteig abnehmen und in einem Schraubglas für das nächste Brotbacken kühl aufbewahren. (Haltbarkeit etwa 3 Wochen.)

4 Den Weizen mit der Hälfte der Gewürze fein mahlen. Die ganzen Gewürze und das Salz mit dem Vorteig verrühren. Anschließend das Weizenmehl unterrühren. Den weichen Teig etwa 10 Minuten gut durcharbeiten.

5 Eine Brotbackform mit Deckel oder 1 Kastenform von 30 cm Länge gründlich einfetten. Den Teig hineinfüllen, mit einem nassen Löffel gut zusammendrücken und glattstreichen. Die Gewürzkörner aufstreuen und mit einem nassen Löffel gut andrücken. Die Form mit dem Deckel oder mit eingefetteter Alufolie verschließen.

6 Das Brot im Backofen (unten) bei 30° etwa 50 Minuten gehen lassen. Den Temperaturwähler auf 200° schalten. Das Brot etwa 45 Minuten bei 200°, dann etwa 1 Stunde bei 150°backen. (Durch die »verlängerte« Backzeit bei niedriger Temperatur erhält das Brot einen kräftigen Geschmack.) Den Deckel oder die Folie abnehmen und das Brot bei 200° in 20–30 Minuten fertigbacken. Der Backvorgang ist beendet, wenn das Brot am Rand ringsum etwa 2 mm von der Form absteht und beim Anklopfen auf der Unterseite hohl klingt.

7 Das Brot auf einem Kuchengitter etwa 20 Minuten abkühlen lassen. Dann auf das Kuchengitter stürzen und mit der Unterseite nach oben auskühlen lassen, damit die Feuchtigkeit abziehen kann. Das Brot erst am übernächsten Tag anschneiden.

Tip:
Das Brot läßt sich sehr gut einfrieren. Nach dem Backen 1–2 Tage auf dem Kuchengitter ausdünsten lassen, dann erst gut verpackt einfrieren. Bei Zimmertemperatur in etwa 4 Stunden auftauen.

Lockere Quarkbrötchen und Müslistangen

Zutaten für 16–18 Brötchen:

42 g frische Hefe
1/8 l lauwarmes Wasser
1 leicht gehäufter Teel. Meersalz
500 g Weizen, mit 2 Teel. Koriander fein gemahlen
200 g Quark (Zimmertemperatur)
30 g flüssige lauwarme Butter

Zum Bestreichen und Bestreuen:
1 kleines Ei
Kümmel, Mohn, Sesam, leicht geröstete Sonnenblumenkerne

Zusätzlich für die Müslistangen (18 Stück):
75 g getrocknete ungeschwefelte Aprikosen
75 g ungeschwefelte Rosinen
1 Tasse handwarmes Wasser
50 g grob gehackte Haselnüsse
4 Eßl. geröstete Sonnenblumenkerne
2 Eßl. Sesamsamen
2 Prisen Ceylonzimt

Butter für das Blech

Zubereitungszeit:
2 1/4 Stunden,
davon
Arbeitszeit:
45 Minuten

1 Für die Brötchen die Hefe mit dem Wasser verrühren, bis die Hefe aufgelöst ist. Das Salz und so viel Mehl unterrühren, bis ein weicher Brei entsteht.

2 Den Quark und die Butter damit verrühren. Das restliche Mehl dazugeben. Mit den Knethaken der Küchenmaschine bei mittlerer Geschwindigkeit etwa 10 Minuten kneten, da sich erst in dieser Zeit der Weizenkleber richtig entwickelt.

3 Den weichen Teig bei Zimmertemperatur zugedeckt 30–45 Minuten gehen lassen, bis sich sein Volumen fast verdoppelt hat.

4 Ein Backblech einfetten. Den Backofen auf 200° vorheizen.

5 Den Teig nochmals durchkneten, halbieren und 2 Rollen daraus formen. 16–18 gleich große Stücke abschneiden und zu runden Brötchen rollen. Auf dem Blech mit einem Tuch bedeckt 10–12 Minuten gehen lassen.

6 Die Brötchen mit dem verquirlten Ei bestreichen, mit Kümmel, Mohn, Sesam oder Sonnenblumenkernen bestreuen und leicht andrücken.

7 Die Brötchen im Backofen (Mitte) in 25–30 Minuten goldbraun backen. Auf einem Kuchengitter auskühlen lassen.

Müslistangen:

1 Vor der Teigbereitung die Aprikosen abwaschen und klein würfeln. Die Rosinen dazugeben. Die Früchte in dem Wasser etwa 5 Minuten quellen und in einem Sieb abtropfen lassen.

2 Den Hefeteig zubereiten, dabei die abgetropfte Flüssigkeit mitverwenden.

3 Die Trockenfrüchte mit den Nüssen, den Sonnenblumenkernen, dem Sesam und dem Zimt mischen und unter den gegangenen Teig kneten.

4 18 etwa 10 cm lange Stangen formen und auf dem gefetteten Blech zugedeckt 10 Minuten gehen lassen. Mit verquirltem Ei bestreichen, mit Sesam oder gehackten Nüssen bestreuen. Wie die Brötchen backen.

Zwiebelschnecken

Zutaten für etwa 20 Stück:

Für den Teig:
20 g frische Hefe
300 ccm lauwarmes Wasser
1 1/2 Teel. Meersalz
460 g Weizen, mit 40 g Grün-
    kern und 1 1/2 Teel. Kümmel
    fein gemahlen

Für die Füllung:
500 g Zwiebeln
120 g Butter
2 Teel. Thymian und 2 Teel.
    Majoran, frisch gehackt
1 1/2 Teel. Kräutersalz

Zum Bestreichen:
1 Ei

Zum Bestreuen:
Thymianblättchen
eventuell Kümmel

Butter für das Blech

Zubereitungszeit:
2 Stunden,
davon
Arbeitszeit:
1 Stunde

Tip: Die herzhaften Zwiebelschnecken schmecken frisch
gebacken, noch lauwarm, am
besten zu Bier oder Wein oder
als kleiner Imbiß mit Frischkost-
salat oder einem Teller Suppe.

Variante:
Noch mehr Abwechslung
haben Sie im Brotkorb, wenn
Sie aus der einen Hälfte des
Teiges Käseschnecken backen:
125 g Edelpilzkäse mit 2 Eßlöffeln Sahne und 1 Eigelb zu
einer streichfähigen Masse
verarbeiten. Auf den Teig
streichen. Schnecken formen,
die Unterseite leicht in Mehl
drücken, Ränder und Oberseite
mit Ei bestreichen und mit
Haselnußblättchen bestreuen.
Wie die Zwiebelschnecken
backen.

1 Die Hefe in dem Wasser auflösen. Das Salz und die Mehlmischung dazugeben. Den Teig mit der Küchenmaschine etwa
10 Minuten kneten, bis er glänzend und elastisch ist und sich als
Kloß von der Schüssel löst; ein Zeichen, daß sich der Kleber richtig
entwickelt hat.

2 Den Teig bei Zimmertemperatur zugedeckt etwa
40 Minuten gehen lassen, bis
sich sein Volumen fast verdoppelt hat.

3 Inzwischen die Zwiebeln
fein würfeln und in 100 g
Butter goldgelb braten. Die
restliche Butter, den Thymian,
den Majoran und das Salz
unterrühren; abkühlen lassen.

4 Den Backofen auf 200°
vorheizen. Ein Backblech
einfetten. Den Teig kurz
zusammenkneten und halbieren. Jede Teighälfte zu einem
Rechteck von etwa 26 x 30 cm
ausrollen.

5 Das Ei verquirlen und den oberen Teigrand damit bestreichen.

6 Die Zwiebeln auf dem Teig verteilen, dabei die Ränder ringsum 2–3 cm frei lassen. Den Teig von der unteren Schmalseite her aufrollen. Den oberen Rand fest andrücken.

7 Mit einem scharfen Messer 10–12 gleich große Stücke von jeder Rolle abschneiden, etwas nachformen und auf das Blech legen. Die Oberseite und den Rand der Zwiebelschnecken mit Ei bestreichen.

8 Die Zwiebelschnecken mit Thymian und – nach Belieben – auch mit Kümmel bestreuen. Das Blech in den Backofen (Mitte) schieben und die Schnecken in 35–40 Minuten goldbraun backen.

Herzhafte Brotaufstriche

Grünkern-Aufstrich

Zutaten für etwa 350 g:

120 g Zwiebeln
70 g Butter
50 g Grünkern
1/4 Lorbeerblatt
3 Pimentkörner
3/4 Gemüsebrühwürfel
150 ccm Wasser
50 g Haselnüsse
2 Teel. getrockneter Majoran
1 Teel. getrockneter Thymian
1/4 Teel. frisch gemahlener
    weißer Pfeffer
etwa 1/4 Teel. frisch geriebene
    Muskatnuß
1 Prise Kardamom
Meersalz

Zum Garnieren:
1 Lorbeerblatt oder 1–2 Zweige
    frischer Thymian

Arbeitszeit:
25 Minuten
Zeit zum Durchziehen:
3–12 Stunden

1 Die Zwiebeln sehr fein würfeln und in 30 g Butter glasig braten.

2 Den Grünkern mit dem zerkrümelten Lorbeerblatt und den Pimentkörnern mittelfein mahlen und unter die Zwiebeln rühren. Den zerbröckelten Brühwürfel und das Wasser zufügen und unter Umrühren zu einem dicken Brei kochen.

3 Die Nüsse im Blitzhacker fein hacken und mit der restlichen Butter unter die Grünkernmasse rühren.

4 Den Aufstrich mit den Kräutern und den Gewürzen abschmecken. In ein Steinguttöpfchen füllen und mit dem Lorbeerblatt oder den Thymianzweigen garnieren. Mindestens 3 Stunden, besser über Nacht, im Kühlschrank durchziehen lassen. Bei Zimmertemperatur servieren.
Er hält sich 4 Tage.

Kräutercreme

Zutaten für etwa 250 g:

250 g Crème fraîche
100 g sehr weiche Butter
1/2 Teel. mittelscharfer Senf
1/2 Teel. abgeriebene unbehandelte Zitronenschale
2 Teel. Zitronensaft
6 Eßl. frisch gehackte Kräuter
    (Kerbel oder Petersilie, Dill,
    Zitronenmelisse, Schnittlauch, wenig Estragon,
    etwas Knoblauchgrün oder
    1 durchgepreßte Knoblauchzehe)
Meersalz
frisch gemahlener weißer
    Pfeffer

Arbeitszeit:
15 Minuten

Die Crème fraîche löffelweise unter die Butter rühren. Dann alle übrigen Zutaten unterrühren. Frisch zu Vollkornbrot oder Kartoffeln servieren.

Avocadocreme

Zutaten für 4 Personen:

2 reife Avocados
6–8 Eßl. Zitronensaft
4 Eßl. Crème fraîche
200 g frisch geriebene säuerliche Äpfel
etwa 3 Eßl. frisch geriebener
    Meerrettich
1/2 Teel. Meersalz

Arbeitszeit:
20 Minuten

1 Die Avocados schälen und entkernen. Den Zitronensaft und die Crème fraîche dazugeben und mit dem Pürierstab fein pürieren.

2 Die Äpfel und den Meerrettich unterrühren und mit Salz abschmecken. Die Creme möglichst frisch servieren. Gut verschlossen hält sie sich im Kühlschrank bis zum nächsten Tag, verfärbt sich aber etwas.

Süße Brotaufstriche

Nougatcreme

Zutaten für etwa 300 g:

40 g weiche Butter
2 Teel. dunkler Kakao
  (schwach entölt)
4 Teel. Carob
3 Eßl. Akazienhonig
4 Eßl. lauwarmer Bohnen- oder
  Getreidekaffee
1/4 Teel. gemahlene Vanille
1/4 Teel. Ceylonzimt
200 g fein gemahlene Haselnüsse oder Mandeln
2 Eßl. Wasser

Arbeitszeit:
15 Minuten

1 Die Butter mit allen Zutaten
bis Ceylonzimt verrühren.
Zuletzt die Nüsse oder die
Mandeln und das Wasser
untermischen.

2 Die Creme hält sich im
Kühlschrank etwa 10 Tage.
Sie können auch Plätzchen
damit füllen.

Nußaufstrich

Zutaten für etwa 300 g:

1 kleine Banane
abgeriebene Schale von
  1/2 unbehandelten Zitrone
1 1/2 Eßl. Zitronensaft
1 Eßl. Birnendicksaft
30 g sehr weiche Butter
100 g Haselnüsse
100 g ungeschwefelte Rosinen

Arbeitszeit:
20 Minuten

1 Die Banane mit der Zitronenschale und dem Zitro-
nensaft pürieren. Den Birnendicksaft und die Butter unterrühren.

2 Die Nüsse und die Rosinen
zusammen im Blitzhacker
fein zerkleinern und unter das
Bananenmus mischen. Mög-
lichst frisch essen.

Aprikosenmus

Zutaten für etwa 450 g:

200 g ungeschwefelte getrocknete Aprikosen
1/4 l frisch gepreßter Orangensaft oder halb Orangensaft,
  halb Wasser
2 Eßl. Zitronensaft

Arbeitszeit:
20 Minuten
Quellzeit:
2–3 Stunden

1 Die Aprikosen waschen und
im Blitzhacker grob zerkleinern. Den Orangen- und den
Zitronensaft unterrühren. Zugedeckt 2 Stunden (oder länger)
quellen lassen, dann mit dem
Pürierstab zu Mus verarbeiten.

Tips:
Für Plätzchenfüllung nur etwa
200 ccm Orangensaft nehmen.
Für Aprikosensauce mit Apfelsaft oder Wasser verdünnen.

Rohe Himbeermarmelade

Zutaten für etwa 500 g:

300 g frische oder tiefgefrorene
  Himbeeren
150–180 g fester Honig (Klee-
  oder Rapshonig)
6 Meßl. Johannisbrotkernmehl

Arbeitszeit:
20 Minuten

1 Die Beeren mit dem Pürierstab pürieren. Den Honig
in Stückchen dazugeben. Mit
dem Handrührgerät bei niedriger Stufe rühren, bis sich der
Honig aufgelöst hat und eine
homogene Masse entstanden
ist. Das Johannisbrotkernmehl
während des Rührens nach
und nach einstreuen.

2 Die Marmelade in kleine
Gläser mit Twist-off-Ver-
schluß füllen und im Kühlschrank aufbewahren.

Champignon-Croûtons

Maiswaffeln mit Käsecreme

Zutaten für 8 Schnitten:

8 Scheiben dunkles
    Vollkornbrot
60 g Butter
1 mittelgroße Zwiebel
250 g Champignons oder
    Egerlinge
1/2 Teel. Kräutersalz
frisch gemahlener schwarzer
    Pfeffer
150 g Camembert
2 Eßl. frisch gehackte Petersilie

Arbeitszeit:
25 Minuten

1 Die Brotscheiben in
30 g Butter knusprig rösten.

2 Inzwischen die Zwiebel
würfeln. Die Pilze putzen,
mit Küchenkrepp säubern oder
kurz waschen und in dicke
Scheiben schneiden.

3 Die Zwiebel in der restlichen Butter glasig braten.
Die Pilze zu den Zwiebeln
geben und einige Minuten bei
starker Hitze schmoren. Mit
dem Salz und Pfeffer würzen.

4 Den Käse würfeln und mit
der Petersilie unter die Pilze
heben. Sobald der Käse zu
schmelzen beginnt, die Masse
auf die Brotscheiben verteilen
und sofort servieren.

Das schmeckt dazu:
Feldsalat, Endiviensalat,
Blattspinat oder Rosenkohl.

Tip:
Die Pilzmasse ist auch eine
feine Füllung für pikante
Pfannkuchen.

Zutaten für 5 große Waffeln:

125 g Maisgrieß, 25 g Buchwei-
    zen und 1/4 Teel. Koriander-
    körner, fein gemahlen
200 ccm Wasser
30 g zerlassene Butter
1 Eigelb
Meersalz
1 Eiweiß

Für die Käsecreme:
120 g Sonnenblumenkerne
100 g Butter
150 g Gorgonzola
4 Eßl. Crème fraîche
Meersalz
frisch gemahlener schwarzer
    Pfeffer

Arbeitszeit:
30 Minuten
Quellzeit:
1 Stunde

1 Für die Waffeln alle Zutaten
bis auf das Eiweiß verrühren, 1 Stunde quellen lassen.

2 Das Eiweiß steif schlagen
und unter den Teig heben.
Das Waffeleisen auf mittlere
Stufe aufheizen. Je 1 kleine
Schöpfkelle Teig darin verstreichen und die Waffeln goldgelb
backen. Auf einem Kuchengitter auskühlen lassen. Sie
bleiben lange knusprig und
schmecken auch mit einem
süßem Aufstrich.

3 Für die Käsecreme die
Sonnenblumenkerne gold-
gelb rösten und 100 g mittelgrob hacken.

4 Die Butter im Wasserbad
schmelzen. Den Käse in
Stückchen dazugeben. Mit dem
Handrührgerät glattrühren. Den
Topf aus dem Wasserbad
nehmen. Die Crème fraîche
und die zerkleinerten Sonnenblumenkerne untermischen.
Mit Salz und Pfeffer abschmekken. Die ganzen Sonnenblumenkerne darüber streuen.

Fenchel-Käse-Salat

Zutaten für 4 Personen:

3 1/2 Eßl. Weißweinessig
2 Eßl. kaltgepreßtes, unraffi-
*   niertes Olivenöl*
2 Eßl. kaltgepreßtes, unraffi-
*   niertes Sonnenblumenöl*
1 1/2 Teel. mittelscharfer Senf
200 g mittelalter Gouda
schwarzer Pfeffer
400 g Fenchel
10 Walnußkerne
Meersalz

Zubereitungszeit:
55 Minuten,
davon
Arbeitszeit:
25 Minuten

1 Den Essig, das Öl und den
Senf verquirlen.

2 Den Käse in schmale Strei-
fen schneiden, reichlich
Pfeffer darüber mahlen und die
Sauce untermischen. Den Käse
mindestens 30 Minuten in der
Marinade durchziehen lassen.

3 Den Fenchel waschen, putzen und das Fenchelgrün
beiseite legen. Die Fenchel-
knollen längs halbieren, dann
quer in sehr feine Streifen
schneiden; das geht am besten
mit dem elektrischen Allesschneider.

4 Die Nüsse halbieren. Den
Fenchel und die Hälfte der
Nüsse mit dem Käse mischen.
Den Salat leicht salzen, ab-
schmecken, mit dem Fenchel-
grün und den restlichen
Walnußkernen garnieren. Den
Salat bald servieren, weil sich
der Fenchel bei längerem
Stehen verfärbt. Dazu
schmeckt Vollkornbrot.

Tip:
Für diesen knackig-frischen
Salat können Sie auch Käsere-
ste (feste und halbfeste Sorten
gemischt) verwenden.

Maissalat mit Kräutercreme

Zutaten für 4 Personen:

1 kleines Ei
2 Teel. mittelscharfer Senf
2 Eßl. kaltgepreßtes, unraffi-
*   niertes Sonnenblumenöl*
3 Eßl. Apfelessig
3 Eßl. saure Sahne
3 Eßl. Crème fraîche
1/2 Teel. Kräutersalz
schwarzer Pfeffer
3 Eßl. frisch gehackte Kräuter
*   (Basilikum, Dill, Petersilie,*
*   Borretsch, wenig Estragon)*
2 frische Maiskolben (etwa
*   200 g ausgelöste Körner)*
je 100 g rote und gelbe Paprika-
*   schote*
150 g Fenchel
1 Frühlingszwiebel oder
*   Sommerzwiebel mit Grün*

Zum Garnieren:
1 Handvoll Feldsalat

Zubereitungszeit:
40 Minuten,
davon
Arbeitszeit:
30 Minuten

1 Das Ei mit dem Senf und
dem Öl kräftig verquirlen.
Den Essig, die saure Sahne, die
Crème fraîche, das Salz, Pfeffer
und die Kräuter unterrühren.

2 Die Maiskörner mit einem
großen, scharfen Messer
dicht am Kolben abschneiden.

3 Die Paprikaschoten entkernen und klein würfeln. Den
Fenchel waschen, putzen,
längs halbieren und in feine
Streifen schneiden. Die Frühlingszwiebel fein würfeln.

4 Alle Salatzutaten mit der
Kräutercreme mischen. Den
Feldsalat putzen, waschen und
den Salat damit garnieren.
Etwa 10 Minuten durchziehen
lassen. Dazu passen Fladenbrötchen.

129

Zum Nachschlagen

Die gesunde Ernährung fängt bereits bei der Auswahl der Lebensmittel und mit ihrem Einkauf an. In diesem Kapitel erfahren Sie deshalb Wichtiges über die verwendeten Zutaten, über Kräuter und andere Würzmittel. Außerdem informiere ich Sie über Soja- und Sojaprodukte, die verschiedenen Getreidearten und alternative Süßungs- und Bindemittel.

Getreide

ist die wichtigste Grundlage der Vollwert-Ernährung. Es liefert dem Organismus fast alle Nährstoffe, die er benötigt. In der Küche läßt es sich – mit etwas Erfahrung und Phantasie – sehr abwechslungsreich zubereiten.

Weizen

Weichweizen läßt sich dank seines hohen Klebergehaltes gut zu lockerem, voluminösem Gebäck verarbeiten. Er wird deshalb zum Brotbacken und für feineres Backwerk bevorzugt.
Hartweizen (Durumweizen) zeichnet sich durch seine hohe Kochfestigkeit aus. Aus Hartweizen werden vor allem Teigwaren und Grieß hergestellt. Zum Backen eignet er sich weniger gut, denn beim Vermahlen entsteht kein flockiges, sondern eher ein grießiges Mehl.
Im Handel erhältliche Produkte wie Thermogetreide und Weizenflocken sind wärmebehandelt. Sie enthalten zum Teil nicht mehr alle Inhaltsstoffe des vollen Korns. Für die Vollwertküche sind sie deshalb weniger zu empfehlen. Weizenkeime und Weizenkleie sind Isolate, die in der Vollwert-Ernährung keine Verwendung finden.

Dinkel und Grünkern

Dinkel ist eine alte Spelzweizenart; das heißt, die Körner sind von Spelzen fest umschlossen.
Diese müssen in der Mühle in einem zeitaufwendigen Arbeitsgang, dem »Gerben« entfernt werden. Dinkel hat einen feinen, nußartigen Geschmack. Sein Gehalt an Klebereiweiß ist höher und qualitativ besser als das des Weizens. Gebäck aus Dinkelmehl wird deshalb besonders leicht und locker.
Zur Gewinnung von *Grünkern* wird Dinkel bereits Anfang Juli geerntet, wenn die Körner noch grün und weich sind. Er muß sofort nach der Ernte bei 120-130° 3 – 4 Stunden lang gedarrt werden. Beim Darren erhält der

Grünkern durch den Holzrauch sein würziges, etwas rauchiges Aroma. Er eignet sich vorzüglich für pikante Getreidegerichte. Da er unreif geerntet wird, enthält er kein Klebereiweiß und ist nicht keimfähig. Grünkern kann nur mit anderen kleberhaltigen Getreidearten zusammen verbacken werden.

Roggen

Noch vor 150 Jahren wurde in Mittel- und Nordeuropa vor allem Roggen zum Brotbacken verwendet. Später wurde er vom feineren, leichter zu verarbeitenden Weizen verdrängt. Erst in den letzten Jahren ist das kernige Roggenbrot wieder mehr gefragt. Es schmeckt herzhafter und bleibt länger frisch als Weizenbrot. Roggen enthält zwar auch Klebereiweiß, läßt sich aber mit Hefe allein nicht verbacken. Zur Teiglockerung ist Sauerteig notwendig. Gerade die länger dauernde Teigführung gibt dem Roggenbrot seinen charakteristischen kräftigen Geschmack und macht die im Roggen enthaltenen Mineralstoffe leichter verfügbar.

Hafer

enthält mehr Fett, Mineralstoffe und Vitamine als die übrigen Getreidearten. Bei sportlichen Dauerleistungen, bei erhöhter körperlicher Beanspruchung und bei Diabetes mellitus hat der Hafer sich gut bewährt. Seine Schleimstoffe fördern die Verdauung und wirken günstig bei Magen- und Darmerkrankungen. Als einzige Getreideart hat Hafer eine cholesterinsenkende Wirkung. Das Haferkorn ist von einer dickwandigen Spelze eingehüllt, die mechanisch entfernt werden muß, was meist nicht ohne Beschädigung des Korns erfolgt. Vor dem Entspelzen wird der Hafer gedämpft und gedarrt. Entspelzter Hafer wird unter der Bezeichnung »Haferkerne« oder »Schälhafer« angeboten. Haferflocken werden aus entspelztem Hafer hergestellt, der unter feuchter Hitze gepreßt und getrocknet wird. Dabei werden die hit-

zeempfindlichen Inhaltsstoffe teilweise geschädigt.
In der Vollwertküche verwendet man Nackthafer (»Sprießkornhafer«). Bei dieser speziellen Züchtung lösen sich die Körner beim Dreschen leicht von den Spelzen. Deshalb ist Nackthafer im Gegensatz zum entspelzten Hafer noch keimfähig. Hafer enthält 7 % Fett, das an der Luft schnell oxidiert, wenn die Haferkörner aufgebrochen sind. Haferschrot und frisch gequetschte Flocken fürs Frischkornmüsli sollten deshalb nicht eingeweicht, sondern sofort verwendet werden; bei längerem Stehen schmecken sie sonst bitter.

Gerste

Gerstenbrei und Gerstenfladen galten schon im Altertum als Kraftnahrung der Gladiatoren, und das mit Recht, denn die Gerste ist ein wertvolles Getreide. Sie ist leicht verdaulich und daher auch für Kinder und ältere Menschen zu empfehlen. Gerstenschleim wirkt lindernd bei Magen- und Darmerkrankungen. Auch die Gerste zählt zu den Spelzgetreiden.

Beim Entfernen der festsitzenden Spelzen werden das Korn und der Keimling beschädigt. Geschälte Gerste ist daher nicht mehr keimfähig. Sie wird auch zu Gerstengraupen oder Rollgerste und zu Gerstengrütze weiterverarbeitet. Da bei dieser Prozedur die Randschichten des Korns abgeschliffen werden, gehen weitere wichtige Inhaltsstoffe verloren. In der Vollwertküche verwendet man Nacktgerste (»Sprießkorngerste«). Bei dieser speziellen Züchtung lassen sich die

Spelzen ohne Beschädigung des Korns leicht entfernen. Gerste enthält nur wenig Klebereiweiß. Sie läßt sich daher nur zusammen mit anderen Getreidearten verbakken. Aus angekeimter Gerste werden Malzextrakt und Malzkaffee hergestellt. Sie ist ferner ein wichtiger Rohstoff für die Bierbrauerei.

Reis

In der Vollwertküche verwendet man nur Naturreis. Im Gegensatz zum weißen polierten Reis werden bei ihm nur die äußeren Spelzen entfernt. Der Keimling und das Silberhäutchen, das den Hauptbestandteil an Vitaminen, Mineralstoffen und Ballaststoffen enthält, bleiben weitgehend erhalten. Naturreis liefert weniger Protein, Fett und Mineralstoffe als andere Getreidearten. Er steht ernährungsphysiologisch bei den Getreidearten an letzter Stelle. Wie Hafer und Gerste enthält auch Reis schleimbildende Substanzen. Er wird deshalb bei der Säuglingsernährung und bei Erkrankungen der Verdauungsorgane eingesetzt. Reis ist glutenfrei und daher auch für eine Diät bei Zöliakie geeignet. Zu lange gelagerter Naturreis schmeckt bitter oder ranzig. Kaufen Sie also nur kleine Mengen, die rasch verbraucht werden können.
Reis wird in verschiedenen Sorten angeboten, die unterschiedliche Kocheigenschaften haben: *Langkornreis* wird beim Kochen körnig und trocken. *Rundkornreis* kocht weich und klebrig. Er eignet sich eher für Süßspeisen. *Mittelkornreis* kocht etwas weicher als Langkornreis, bleibt aber körnig.

Parboiled Reis ist geschälter Reis, bei dem durch ein Dampf-Verfahren ein Teil der Inhaltsstoffe des Silberhäutchens vor dem Schälen ins Korninnere gelangt. Für die Vollwertküche ist er wegen dieser Bearbeitung weniger empfehlenswert.

Wildreis

Wildreis war viele Jahrhunderte eines der Hauptnahrungsmittel der Indianer in den USA und Kanada. Die nadelförmigen schwarz-grauen Körner sind die Samen einer Wildgrasart, die in Sümpfen und seichten Gewässern wächst. Sie werden zum großen Teil noch von Hand geerntet.
Das erklärt auch ihren verhältnismäßig hohen Preis. Wildreis enthält erheblich mehr Eiweiß und B-Vitamine als Naturreis. Er hat einen feinen nußartigen Geschmack.

Hirse

Die etwa stecknadelkopfgroßen goldgelben Hirsekörner sind von einer harten Fruchtschale umgeben, die mechanisch abgerieben werden muß. Dabei wird meist der Keimling beschädigt. Bei längerer Lagerung kann das Keimöl ranzig werden und bitter schmecken. Deshalb muß Hirse vor dem Kochen immer heiß gewaschen werden. Hirse liefert beachtliche Mengen an Mineralstoffen, vor allem Eisen, Magnesium und Kieselsäure. Sie ist glutenfrei und deshalb zur Ernährung bei Zöliakie geeignet.

Mais

liefert als einziges Getreide nennenswerte Mengen an Carotin (Provitamin A), außerdem reichlich Vitamin E. Da Mais keinen Kleber enthält, ist er auch für Zöliakiekranke geeignet.
Die harten Körner lassen sich nur mit großen, sehr robusten Haushaltsmühlen zerkleinern. Ich verwende deshalb groben Maisgrieß (Kukuruz), der problemlos zu feinem Grieß oder Mehl gemahlen werden kann.
Aus Mais hergestellte Cornflakes sind – wie andere Knusperflocken – industriell stark verarbeitet. Dabei gehen wertvolle Bestandteile des Getreides verloren. Für eine vollwertige Ernährung sind sie nicht zu empfehlen.
Zuckermais ist ein besonders feines Gemüse. Er wird geerntet, wenn die Körner noch zartgelb und süß sind. Da der Zucker schon kurze Zeit nach der Ernte in Stärke umgewandelt wird, sollten Sie die Kolben so frisch wie möglich essen.

Buchweizen

Buchweizen zählt nicht zu den Gräsern wie das Getreide, sondern zu den Knöterichgewächsen. Der biologische Wert des Buchweizeneiweißes ist höher als das aller Getreidearten. Außerdem enthält er viel Lezithin und ist reich an ungesättigten Fettsäuren. In der Küche wird Buchweizen wie Getreide verwendet. Buchweizenmehl bindet gut, läßt sich aber nur zusammen mit kleberhaltigem Getreide verbacken. Buchweizen ist glutenfrei. Er kann also auch bei Zöliakie eingesetzt werden.

Kräuter und Gewürze

Mit einer Handvoll frischer Kräuter kann selbst ein einfaches Gericht zu einer Delikatesse werden. Das richtige Fingerspitzengefühl beim Umgang mit Kräutern und Gewürzen bekommen Sie am besten durch Ausprobieren. Die Angaben in den Rezepten dieses Buches sollen nur eine Anregung für Sie sein, die Sie nach eigenem Geschmack und dem vorhandenen Angebot variieren können. Gartenfrische Kräuter gibt es leider nicht das ganze Jahr über. Im Winter müssen wir uns meist mit ein paar Schnittlauchstöcken und Petersilientöpfchen auf der Fensterbank begnügen und auf unseren Vorrat an getrockneten und tiefgefrorenen Kräutern zurückgreifen.

Zum Trocknen eignen sich am besten: Beifuß, Bohnenkraut, Liebstöckel, Majoran, Minze, Oregano, Rosmarin, Salbei, Selleriekraut, Thymian, Ysop und Zitronenthymian.

Folgende Kräuter bewahren ihr Aroma besser durch Einfrieren: Basilikum, Dill, Estragon, Kerbel, Petersilie und Zitronenmelisse. Auch in Essig und Öl können Sie Kräuter konservieren. Kräutersalz können Sie aus getrockneten, fein zerriebenen Kräutern und Meersalz in beliebiger Mischung selbst herstellen. Im Handel angebotenes Kräutersalz enthält bis zu 15 % getrocknete Kräuter, der Rest ist Meersalz oder Speisesalz. Zwei viel zu wenig bekannte Würzkräuter sind Zitronenthymian und Schabzigerklee. Zitronenthymian schmeckt wie eine Mischung aus Zitronenmelisse und Thymian. Besonders fein für Salate, Kräuterbutter, Saucen und zart-blumigen Tee (Bezugsquelle für Pflanzen siehe Seite 140). Schabzigerklee wurde früher oft als Brotgewürz verwendet (»Brotklee«). Das getrocknete Kraut würzt Suppen, Saucen, Gemüse, Teigwaren, Quark, Käse und Brotaufstriche (in Reformhäusern und Naturkostläden erhältlich).

Vom Umgang mit Kräutern und Gewürzen:

• Frische Kräuter möglichst sofort nach der Ernte verwenden: kalt abspülen, grobe Stiele entfernen und die Kräuter tropfnaß auf einem Holzbrett mit einem scharfen Messer zerkleinern; so kann der Kräutersaft nicht ins Holz ziehen. Erst nach dem Kochen an die Speisen geben. Ausnahme: Liebstöckel, Thymian und Rosmarin entfalten ihr Aroma besser, wenn sie einige Minuten mitziehen.

• Getrocknete Kräuter und Gewürze nur in kleinen Mengen kaufen, luftdicht verschlossen und vor Licht geschützt aufbewahren. Getrocknete Kräuter erst vor dem Gebrauch zwischen den Fingern fein zerkrümeln und einige Minuten im fertigen Gericht ziehen lassen.

• Samengewürze wie Anis, Fenchel, Kardamom, Koriander, Kümmel, Muskatnuß, Nelken und Piment unzerkleinert kaufen. Erst vor der Verwendung mahlen, reiben oder im Mörser zerstoßen. Samengewürze schmecken intensiver, wenn sie vor dem Mahlen in einer Pfanne ohne Fett leicht geröstet werden. Ganze oder grob zerkleinerte Gewürze werden mitgekocht, gemahlene oder pulverisierte Gewürze erst nach dem Kochen hinzugefügt.

Vegetarische Brühen und Würzmittel

Sie werden verwendet, wenn keine selbstgekochte Gemüsebrühe vorhanden ist.

Vegetarische Brühe ist als Gemüsebrühwürfel oder gekörnte Gemüsebrühe erhältlich. Sie wird aus getrocknetem Gemüse, Kräutern, Hefeextrakt, kaltgepreßten Ölen oder ungehärtetem Pflanzenfett, Gewürzen

und Meersalz hergestellt. Fast allen Produkten wird Speisewürze zugesetzt. Diese erhält ihren typischen Geschmack duch Hydrolyse aus Getreideeiweiß oder Protein von Hülsenfrüchten (Sojabohnen und Erdnüssen). Geschmack, Würzkraft und Salzgehalt (er liegt zwischen 20 und 45 %!) sind unterschiedlich.

Hefeextrakt: In der Küche wird Hefeextrakt zum Würzen von Speisen und als Brotaufstrich verwendet. Die dunkelbraune Paste ist auch mit getrockneten Kräutern oder getrocknetem Gemüse (als vegetarische Gemüsebrühe) oder mit fein zerkleinerten, getrockneten Steinpilzen gemischt, erhältlich. Hefeextrakt ist reich an B-Vitaminen, aber auch an Purinen, die im Organismus zu Harnsäure abgebaut werden. Gichtkranke sollten ihn deshalb nur selten verwenden.

Süßungsmittel

Honig: Honig enthält eine Vielzahl hitzeempfindlicher Substanzen. Verwenden Sie ihn deshalb möglichst unerhitzt. Kristallisierten Honig sollten Sie nur bei Temperaturen unter 40° vorsichtig im Wasserbad verflüssigen. Für Süßspeisen und feines Gebäck eignet sich Akazienhonig besonders gut; denn er hat wenig Eigenaroma und süßt stark.

Apfel- und Birnendicksaft: Um 1 Liter Dicksaft zu gewinnen, müssen etwa 7 Liter frischer Saft mehrere Stunden eingekocht werden. Bei dieser langen Kochzeit werden die Vitamine zerstört, doch die Mineralstoffe bleiben erhalten. Dicksaft ist ein aromatisches Würzmittel zum Süßen von Desserts, Obst und Obstkuchen, in winzigen Mengen zum Abrunden von Salatsaucen.

Vollrohrzucker: er sollte nicht mit dem »braunen Zucker« verwechselt werden, der zu 96 % aus industriell hergestelltem raffiniertem Haushaltszucker und zu 4 % aus Melasse besteht. Vollrohrzucker ist ein feinkörniges, hell- bis dunkelbraunes Granulat aus eingedicktem, nicht raffiniertem Zuckerrohrsaft. Vollrohrzucker süßt stärker als Honig.

Je nach Fabrikat hat er einen karamelartigen bis leicht malzigen Geschmack. Vollrohrzucker enthält noch beachtliche Mengen an Mineralstoffen (Calcium, Magnesium, Kalium, Phosphor, Eisen) sowie Vitamine der B-Gruppe. Trotzdem sollten Sie Vollrohrzucker – ebenso wie Honig – sparsam verwenden, denn in größeren Mengen konsumiert haben auch »alternative Süßungsmittel« die gleichen negativen Folgen wie der übliche Haushaltszucker. Vollrohrzucker ist inzwischen auch aus kontrolliertem Anbau erhältlich.

Trockenfrüchte Getrocknetes Obst kann als natürliches, mineralstoffreiches Süßungsmittel für Frischkornmüsli, Süßspeisen und Gebäck verwendet werden. Pur und in größeren Mengen verzehrt haben sie allerdings – wegen ihrer hohen Zuckerkonzentration – ähnlich nachteilige Wirkungen wie Haushaltszucker. Infolge ihrer klebrigen Konsistenz bleiben sie lange an den Zähnen haften und begünstigen die Entstehung von Karies. Das läßt sich vermeiden, wenn Sie die Trockenfrüchte vor dem Verzehr einige Stunden in Wasser einweichen. Das Dörrobst kann auch (ohne vorheriges Einweichen oder nach kurzem Aufquellen) fein zerkleinert unter die Süßspeisen gemischt werden. Kaufen Sie bitte nur ungeschwefelte Trockenfrüchte, denn die schweflige Säure zerstört Vitamin B$_1$ im Trockenobst und im Organismus.
Auch mit süßem reifem Obst wie Birnen, Zwetschgen und Bananen können Sie süßen. Die Süßkraft von Bananen wird durch Erhitzen, zum Beispiel beim Kuchenbacken, noch erhöht. Leider ist noch zu wenig bekannt, daß auch süße, reife Bananen einen klebrigen, lange haftenden Belag auf den Zähnen bilden und so der Kariesentstehung Vorschub leisten. Geben Sie deshalb Ihren Kindern statt Bananen anderes Obst oder Möhren, wenn keine Möglichkeit zum Zähneputzen besteht.

Pflanzliche Bindemittel
Da Gelatine zu über 84 % aus tierischem Eiweiß besteht, verwenden wir in der Vollwertküche pflanzliche Bindemittel.

Agar Agar ist ein Geliermittel aus getrockneten Rotalgen. Es ist nur in kochendem Wasser löslich und beginnt bei Abkühlung auf 45° und darunter zu gelieren. Agar Agar bindet 6- bis 10mal soviel Flüssigkeit wie Gelatine. In der Küche wird Agar Agar als Geliermittel für Marmeladen, Gelees, Tortenfüllungen, Süßspeisen und als Tortenguß verwendet.

Carageen wird wie Agar Agar aus Rotalgen gewonnen und als Bindemittel verwendet.

Arrowroot (Pfeilwurzelmehl) ist der Kartoffelstärke ähnlich. Es wird aus den Wurzeln verschiedener Pflanzen (vor allem Maranta und Maniok) hergestellt.

Kuzu wird aus den Wurzeln einer japanischen Schlingpflanze gewonnen. Sowohl bei der Herstellung von Arrowroot als auch von Kuzu wird die Stärke aus den gereinigten gemahlenen Wurzeln durch Wasser herausgeschwemmt und getrocknet.

Johannisbrotkernmehl (»Biobin«) stammt aus der Frucht des Johannisbrotbaumes. Es bindet kalte und heiße Flüssigkeiten. Auch als Sahnefestiger, für Tortenguß und für glutenfreies Gebäck zu verwenden.

Sojabohnen und Sojaprodukte
Von allen Hülsenfrüchten haben Sojabohnen mit durchschnittlich 37 % den höchsten Eiweißgehalt. Werden Sojabohnen mit Getreide kombiniert, so erhöht sich die biologische Wertigkeit des Getreideeiweißes.
Von den vielen Sojabohnensorten werden gelbe Sojabohnen am meisten verwendet. Sie sind das Ausgangsmaterial für viele - teilweise stark verarbeitete - Produkte. In gekochter, gekeimter oder fermentierter Form und als Vollsojamehl können sie gelegentlich zur Abwechslung in unserem Speiseplan beitragen. Zur Deckung des Nährstoffbedarfs sind sie bei einer vielseitigen und abwechslungsreichen vollwertigen Ernährung jedoch nicht notwendig. Außerdem ist zu bedenken, daß Sojabohnen den höchsten Puringehalt aller pflanzlichen Lebensmittel haben. Es ist bekannt, daß der hohe Puringehalt von Sojabohnen bei häufigem Verzehr bei Menschen, die zu Gicht neigen oder diese bereits haben, zu gesundheitlichen Problemen führen kann.

Sojamilch (unter der Bezeichnung »Sojadrink« im Handel) wird aus eingeweichten, gekochten Sojabohnen und Wasser hergestellt. Sie wird wie Kuhmilch verwendet, allerdings sind die Nährstoffgehalte unterschiedlich.

Tofu (Sojabohnenquark) entsteht aus Sojamilch mit Hilfe eines Gerinnungsmittels. Tofu schmeckt mild, fast neutral, und muß deshalb kräftig gewürzt oder in Sojasauce mariniert werden. Im Handel wird Tofu auch gewürzt oder geräuchert angeboten.

Miso ist eine aromatische Würzpaste von cremiger bis fester Konsistenz. Sie wird aus fermentierten Sojabohnen und Salz, teilweise unter Zusatz von Getreide (Reis, Gerste oder Buchweizen) gewonnen. Der Gärprozeß dauert bei traditioneller Herstellung 6-24 Monate. Andere ähnliche Produkte, die unter Einsatz von chemischen Mitteln innerhalb weniger Tage produziert werden, sollten in der Vollwertküche nicht verwendet werden.

Sojasauce (Shoyu und Tamari) wird durch Fermentation aus Sojabohnen, Weizen (Shoyu) und Salz in einem 18 Monate dauernden Reifeprozeß hergestellt. Nachahmungen der ursprünglichen Sojasaucen entstehen in kurzer Zeit im Schnellverfahren. Sie enthalten unter anderem Zusätze wie Maissirup oder Zucker, Farbstoffe und Glutamat.

Sojaöl enthält 60 % mehrfach ungesättigte Fettsäuren (vor allem Linolsäure) und ist von mildem Geschmack. Unraffiniertes, schonend gepreßtes Sojaöl wird in Naturkostläden und Reformhäusern angeboten. Bewahren Sie es, wie alle übrigen Speiseöle, im Kühlschrank auf.

Gelbe Sojabohnen sind der Rohstoff für zahlreiche industriell stark verarbeitete Produkte wie zum Beispiel TVP (»Sojafleisch«). Aus gelben Sojabohnen werden auch Eiweißkonzentrate und -isolate hergestellt, die unter anderem Teigwaren, Süßigkeiten, Wurstwaren, Fertigsuppen, ja selbst Abmagerungs-Diätpräparaten zugesetzt werden. In der Vollwertküche finden diese Präparate keine Verwendung.

Zum Gebrauch

Hier stehen die Rezepttitel und Sachbegriffe in alphabetischerReihenfolge. Damit Sie Rezepte mit bestimmten Zutaten aber noch schneller finden können, stehen in diesem Register zusätzlich auch die Hauptzutaten wie Äpfel und Tomaten, ebenfalls alphabetisch geordnet, über den entsprechenden Rezepten.

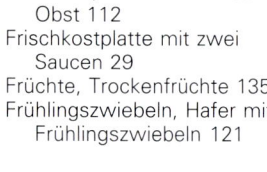

Impressum

Ingrid Früchtel
beschäftigte sich nach Abschluß
ihres Hochschulstudiums über
20 Jahre lang mit der Vollwert-
ernährung in Theorie und Praxis.
Ihre Erfahrungen gab sie in zahlreichen Kursen und Seminaren weiter.
Durch ihre erfolgreichen Koch-
bücher wurde sie eine anerkannte
Autorität auf dem Gebiet der Vollwertkost. Ingrid Früchtel lebte bis
zu ihrem Tod im Jahr 1995 in Ober-
franken in einem Bauernhaus mit
großem Garten.

Annette Früchtel,
als Tochter von Ingrid Früchtel auf-
gewachsen, hat zu diesem Kochbuch erhebliche Teile beigetragen.
Hauptberuflich beschäftigt sie sich
– seit Abschluß ihres Studiums –
mit dem Einsatz neuer Medien in
der betrieblichen Aus- und Weiter-
bildung.

Prof. Dr. Claus Leitzmann
lehrte am Institut für Ernährungs-
wissenschaft der Justus-Liebig-Uni-
versität in Gießen. Im Rahmen
seiner Forschungen arbeitet er über
die Vollwerternährung und ihren
Einfluß auf die Gesundheit. Ein wei-
terer Schwerpunkt seiner Arbeit ist
die Ernährung in Entwicklungslän-
dern. Er lebt in der Nähe von
Gießen, ist verheiratet und hat vier
Kinder. In der Familie wird Vollwert-
ernährung praktiziert. Früchte und
Gemüse aus dem eigenen Garten
sowie milchsaure Produkte und
Brot aus der Vollwertküche spielen
dabei eine wichtige Rolle.

FoodFotografie Eising
wird von Susie M. und Pete A.
Eising geleitet. Sie studierten an
der Fachakademie für Fotodesign
in München und widmeten sich
schon bald nach dem Studium ihrer
gemeinsamen Passion für Eßkultur
und Kochkunst. 1981 gründeten sie
ihr eigenes Studio für Food Foto-
grafie. Ihre Kenntnisse über fremde
Küchen und Kulturen vertieften
Susi M. und Pete A. Eising auf zahlreichen Reisen, von denen sie immer wieder neue Eindrücke in die
künstlerische Gestaltung ihrer Produktion einbringen. Neben Susi M.
und Pete A. Eising hat an diesem
Buch Martina Görlach mitgearbei-
tet. Sie war für die gesamte Requi-
site zuständig und wirkte an der
fotografischen Gestaltung mit.
Köche im Studio waren Reinhold
Apfelbeck und Tina Kempe.

© 1990 Gräfe und Unzer Verlag
GmBH, München
Alle Rechte vorbehalten. Nach-
druck, auch auszugsweise, sowie
Verbreitung durch Bild, Funk, Fern-
sehen und Internet, durch fotome-
chanische Wiedergabe, Tonträger
und Datenverarbeitungssysteme
jeder Art nur mit schriftlicher Ge-
nehmigung des Verlages.

Redaktion: Cornelia Schinharl,
Alessandra Redies
Typografie: Robert Gigler
Herstellung: Petra Roth
Foodfotografie: FoodFotografie
Eising
Foodstyling: Susi M. Eising
Layout: Kraxenberger
KommunikationsHaus
Umschlaggestaltung: independent
Medien-Design
Druck: Appl, Wemding
Bindung: Großbuchbinderei
Monheim

ISBN 3-7742-3562-7

Auflage	5	4	3	2
Jahr	06	05	04	2003

Bücher und Adressen,
die weiterhelfen:

Bücher:
v. Körber/Männle/Leitzmann
Vollwert-Ernährung
Konzeption einer zeitgemäßen
Ernährungsweise
MVH Medizinverlage Heidelberg;
1999

Leitzmann/H. Million
Vollwertküche für Genießer
Falken Verlag, Niedernhausen;
1999

Verbände:
UGB Deutschland – Verband un-
abhängiger Gesundheitsberater
Keplerstr. 1,
35390 Gießen,
www.ugb.de.
Broschüre: *Vollwert-Ernährung für
Genießer*

DGE – Deutsche Gesellschaft für
Ernährung
Godesberger Allee 18,
53175 Bonn,
www.dge.de.
Broschüre: *Vollwertig essen und
trinken nach den 10 goldenen
Regeln der DGE*

AID – Auswertungs- und Informa-
tionsdienst
Friedrich-Ebert-Straße 3,
53177 Bonn,
www.aid.de.
Broschüre: *Vollwert-Ernährung –
genußvoll, gesund, ökologisch,
sozialverträglich*

Anerkannte Verbände des öko-
logischen Landbaus:
ANOG – AG für naturnahen Obst-,
Gemüse- und Feldfruchtanbau e. V.
Pützchens Chaussee 60,
53227 Bonn.

Bioland – Verband für organisch-
biologischen Landbau e. V.
Kaiserstr. 18,
55116 Mainz,
www.bioland.de.

Biokreis Ostbayern e. V.
Heiliggeist-/Ecke Hennengasse,
94032 Passau,
www.naturkost.de/info/vbiokrei.htm.

Demeter-Bund e. V.
Brandschneise 2,
64295 Darmstadt,
www.demeter.de

Ecovin – Bundesverband Öko-
logischer Weinbau e. V.
Wormserstr. 162,
55276 Oppenheim,
www.ecovin.de.

Naturland – Verband für natur-
gemäßen Landbau e. V.
Kleinhaderner Weg 1,
82166 Gräfelfing,
www.naturland.de.